「拡大版基本地図(日本・世界)」の紹介
―日本視覚障害社会科教育研究会による地図開発―

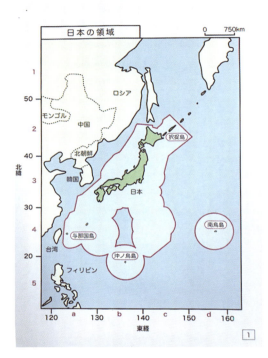

日本地図の冒頭「日本の領域」を示す地図

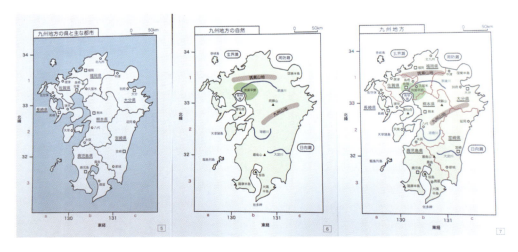

日本地図のうち「九州地方」の3枚の地図

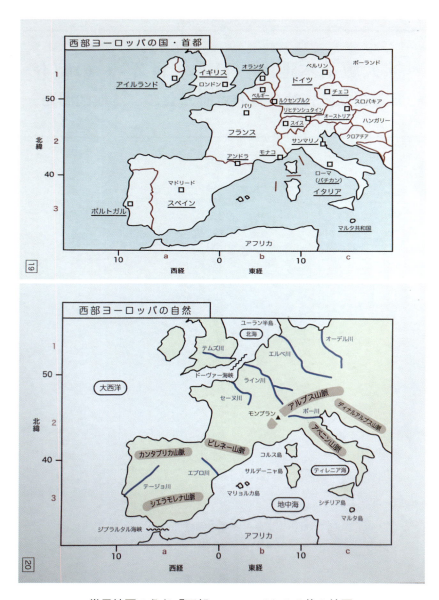

世界地図のうち「西部ヨーロッパ」の2枚の地図

　これらの地図は、日本視覚障害社会科教育研究会が開発した「拡大版基本地図」の一部です。詳しくは、16ページからの、『拡大版基本地図（世界・日本）の開発』をご参照ください。

巻 頭 言

Functional Vision Assessmentを知っていますか？

筑波大学附属視覚特別支援学校長　柿澤　敏文

　アメリカやイギリスの視覚障害に関わる教科書を読むと、Functional Vision Assessmentという用語をよく見かけます。一方、日本では、残念ながら未だに定訳もありません。Functional Vision Assessmentとはいったい何なのでしょうか？　今回は、視覚障害教育を研究する立場からこの用語について紹介します。

　Functional Vision Assessmentは、弱視（ロービジョン）の子どもを対象として、彼らが日常生活の中でどんな場面でどのように視覚を利用しているのかを評価します。評価項目は、一般的な視機能である視力（近方・遠方）、視野（周辺・中心）、眼球運動、色覚、光覚（光感受性）、コントラスト感度、立体視、運動視などの評価とともに、日常生活の様々な場面における子どもの見え方の特徴、例えば、見えるものの大きさや位置、距離、明るさ、色や複雑さ、背景との関係、照度との関係など、さらに、見方の特徴、主に用いる眼（左・右）や見るときの仕草、眼位（正位、側方、上目、伏目など）、頭位（正位、斜位など）、また、見たものの理解に必要な時間などが含まれます。なお、Functional Vision Assessmentは、厳密に測定項目や方法が決まっているわけではなく、個々の子どもに合わせてそれらを選択したり、替えたりすることもよくあります。他の障害を合わせ有する子どもへも適用されています。

　こうして、Functional Vision Assessmentとして、様々な場面における子どもの視覚的な行動の評価・観察を通して収集された情報を、推奨事項、例えば、子どもが自らの視覚をもっとも効果的・効率的に活用できる姿勢や方略、整えるべき環境などとともに、レポートとしてまとめ上げ、子どもの指導に携わるすべての関係者で共有し、理解します。その中で、視知覚・認知における課題や十分に発達が進んでいない視覚スキルが把握されれば、それらを克服あるいは代替、促進するプログラムの提供につなげます。環境の整備では、照明の追加や暗幕の利用、文字と紙のコントラストの強化・反転、視対象の拡大、提供する時間の延長などについて、一つ一つに対応します。このようにFunctional Vision Assessmentは単なる評価ではなく、その実施にあたり、子どもの視覚活用の促進や環境整備に結びつけることを念頭に置く点とその評価結果を皆で共有して役立てていく点に特徴があります。子どもとの毎日のかかわりあいの中で得られる情報の追加によって、レポートの更新が日々行えるとともに、子どもの変化を記録し続けられる点もFunctional Vision Assessmentの特徴です。

　本ブックレットが、日本における視覚障害教育の実践などとともに、海外の関連情報を共有する場にもなっていくことを期待しています。

2017年度 視覚障害教育ブックレット Vol.36 3学期号

目 次

巻頭グラビア 「拡大版基本地図（日本・世界）」の紹介
　　　　　　―日本視覚障害社会科教育研究会による地図開発―

巻頭言　Functional Vision Assessmentを知っていますか？
　　　　………………………… 筑波大学附属視覚特別支援学校長　柿澤　敏文　　1

第1章　講座①：視覚障害教育の教科の指導の専門性
第36回　視覚障害教育における「主体的・対話的で深い学び」への道(1)
　―音声による授業で育てる「聞く力」―
　　　　………………………………… 元筑波大学教授　鳥山　由子　　4

講座②：弱視教育の基礎・基本
第10回　弱視レンズ活用指導のあり方
　　　　……………… 筑波大学人間系（障害科学域）准教授　小林　秀之　　6

第2章　博物館との連携
視覚障害者のための鑑賞プログラムのこれから
　―台北国立故宮博物院・国立台湾美術館における取り組み―
　　　…… 明治学院大学社会学部社会福祉学科非常勤講師　半田こづえ　　8
　　　　東京福祉大学社会福祉学研究科准教授　宮坂　慎司
　　　　台湾国立台北教育大学特殊教育学系助理教授　呉　純慧

第3章　教科・領域の指導
①社会　拡大版基本地図（世界・日本）の開発
　　…　筑波大学附属視覚特別支援学校中・高等部社会科教諭　丹治　達義　　16
②数学広場⑲　計算のイメージ　―因数分解(1)―
　　…　筑波大学附属視覚特別支援学校中・高等部数学科教諭　内田　智也　　22
③物理　動きをイメージする図を理解させる工夫
　　……　筑波大学附属視覚特別支援学校中・高等部理科教諭　石﨑　喜治　　28

④化学　電池の仕組みを考えよう（その２）
　　　　　……　筑波大学附属視覚特別支援学校中・高等部理科教諭　浜田志津子　　34
⑤自立活動　交通機関の利用における歩行指導⑶
　　　─バスの構造理解と安全な乗降─
　　　　　…　筑波大学附属視覚特別支援学校中・高等部自立活動教諭　山口　　崇　　40
⑥国語　古典芸能『能』に触れる授業の提案⑷
　　　　　…………　公益社団法人　観世九皐会　シテ方観世流能楽師　鈴木　啓吾　　46
　　　　　　　　　　　　　　　　　　　　　　　一乃会　鈴木　秀子
⑦体育　視覚障害者柔道事始め（その１）─鷲野武の手記を通して─
　　　　　…………………………　日本視覚障害者柔道連盟副会長　伊藤　友治　　52

第４章　各種紹介・報告
海外で活躍する先輩を訪ねてこんにちは！プログラム　第３回
　　─タイ研修で得た体験を将来につなぐ─
　　　　　…………………　筑波大学附属視覚特別支援学校高等部教諭　佐藤　北斗　　60
　　　　　　　　　　　　　　　　　　　　　　　　　　　　皆川あかり

コラム１
　　　楽譜点訳研究会
　　　　　………………　筑波大学附属視覚特別支援学校音楽科教諭　熊澤　彩子　　33
コラム２
　　　視覚を使わずに世界を感じてみる
　　　　　………　筑波大学附属視覚特別支援学校中・高等部数学科教諭　清和　嘉子　　45

編集後記　………………………………………………………………　丹治　達義　　62

第1章　講座①：視覚障害教育の教科の指導の専門性

講座①：視覚障害教育の教科の指導の専門性

第36回　視覚障害教育における「主体的・対話的で深い学び」への道(1)──音声による授業で育てる「聞く力」──

元筑波大学教授

鳥山　由子

視覚障害教育の教科の指導の目的は、視覚障害に起因する学習上の困難を軽減・克服して小・中・高等学校と同等の教科教育を実現することです。その目的に沿って工夫を重ねてきた教科の指導の方向性が、新しい学習指導要領の改訂のポイントである「主体的・対話的で深い学び」と多くの点で共通していることを前回指摘しました。そこで、今回から、視覚障害に起因する困難をとりあげ、その困難を軽減・克服する取り組みが「主体的・対話的で深い学び」につながることを具体的に検討したいと思います。今回は「板書（黒板）が見えない」という問題から考えます。

❶　「板書の理解の困難」への対応

視覚に障害がある児童生徒が通常の学級で授業を受ける場合、板書が読めないことが大きな問題になります。板書は授業の主要なツールであり、それが読めないことは授業の理解に支障をきたしますから、視覚に障害がある児童生徒には、教師による板書内容の読み上げや、視覚補助具を活用できる環境整備などの支援が不可欠です。特に、弱視児童生徒にとって見やすい板書の書き方や、板書を読み上げる際の留意事項、例えば、「これ」「ここ」などの指示語を避けることについて、通常の学級の教師にもぜひ理解してほしいと思います。

視覚特別支援学校（盲学校）では、これらの支援に加えて、弱視児童生徒が弱視レンズなどの視覚補助具を活用して自分で板書を読めるようにするための系統的な指導が、教科や自立活動の時間に行われています。しかし、通常の学校の板書には、図やイラスト、グラフや表、色わけ、引出線による説明の追加など多様な視覚情報が含まれており、弱視レンズに習熟した児童生徒であっても、限られた時間にそのすべてを読み取ることは困難です。

そこで、この問題の解決には、全く異なる発想による対応策も必要になります。それは、視覚特別支援学校（盲学校）において工夫されてきた「板書に頼らない授業」、「板書が見えなくても理解ができる授業」であり、そのためのコミュニケーションツールは音声です。

音声は、通常の学校においても、教師の説明や発問、児童生徒の発言など、授業場面のコミュニケーションツールとして視覚情報と一体となって使われています。これに対し、視覚特別支援学校（盲学校）では、音声は独立したツールとして授業の中心を占めています。もともと音声が中心になる「お話」だけでなく、本来は視覚的なイメージである数式、図や表などについても、音声による説明を聞いて、イメージを頭の中に構築することを目指しています。これ

第36回　視覚障害教育における「主体的・対話的で深い学び」への道⑴

を可能にするためには、説明する側にも聞いて理解する側にも高度なスキルが必要です。

❷　音声中心の授業に求められる「伝える力」「聞く力」

　音声は発せられた瞬間から消えていく揮発性の高い継時的な情報です。そのため、音声情報を確実に理解するためには、集中して聞き、次々に流れる音声を記憶し、それをつなげてひとかたまりの情報として構造的に理解するプロセスが必要になります。このプロセスを遂行する能力、つまり「聞く力」は、視覚に障害がある児童生徒の学習活動に不可欠です。しかし、それは生来備わっている力ではなく、系統的な指導によって育つ力であることに留意すべきです。

　児童生徒の「聞く力」を育てるためには、教師が言葉による分かりやすい説明を心がけることが大切です。そのために留意すべきことを以下に示します。

①　何をどこまで説明するか、目標を明らかにして話す。

②　聞いて理解しやすい論理的、構造的な話し方をする。
　　（話の構造が分かりやすく、順序よく積み重なっていく話し方）

③　児童生徒の体験をもとに、状況が浮かんでくるような具体的な描写をする。児童生徒がイメージを頭の中で構築するプロセスに配慮して適度な速さで話す。

④　意味の理解に必要な文字情報を簡潔に説明する。

⑤　既習の専門用語（定義された言葉）を意識的に使うことで、学習した知識の有用性を実感させる。

⑥　聞き手の顔を見て、明瞭な発語、適度な大きさの声で心をこめて話す。

　児童生徒が主体的に聞く力を育てるためには、個々の実態に応じた指導が必要ですが、共通する配慮事項を以下に示します。

①　静かな落ち着いた環境を整える。

②　集中して聞く力を養う（集中して聞いているかどうか気を配る）。

③　児童生徒が説明を聞きながら、頭の中に具体的な状況などをイメージできているかどうか、児童生徒の様子を観察し確認しながら話す。

④　お話や説明を聞いて感じたことを自由に発言させる。

⑤　子どもの発言をもらさずに受け止め、言いたいことを汲み取り、共感を示す。

　このようにして「聞く力」を育てることは、まさに「主体的・対話的で深い学び」を支える基本のスキルと態度を養うことのひとつだと思います。

第1章　講座②：弱視教育の基礎・基本

第10回　弱視レンズ活用指導のあり方

講座②：弱視教育の基礎・基本

筑波大学人間系（障害科学域）准教授　小林　秀之

❶　はじめに

　弱視レンズは、子どもたちに紹介したらすぐに自由に使える視覚補助具ではありません。このため、弱視レンズを処方・選定した次のステップでは、弱視レンズ活用指導を展開する必要があると考えてください。ブックレットVol.31の本講座第5回目でも取り上げた昭和41年に発行された『弱視児の教育と医学』には、次のようにあり、保有視力を最大限に活用する現在の弱視教育草創期から変わらない考え方となっていることが確認できます。

　　弱視レンズの操作は、一見簡単そうにみえて、実は相当の技術を必要とするものですから、懇切かつ合理的な指導を行わなければなりません。これを巧みに駆使する能力は、弱視児にとって得がたい財産というべきものです。

　いつの頃からでしょうか。感覚としては、平成11年の学習指導要領の改訂により「養護・訓練」の名称が「自立活動」に改められた時期から徐々にその色が濃くなり、平成19年の特別支援教育制度への転換の時期を境に、視覚障害教育において「訓練」ということばが消えました。当たり前のように用いられていた「視知覚向上訓練」とか「感覚訓練」は何という用語に置き換わったのでしょうか。一方、「弱視レンズ活用訓練」は、おそらく単純に「弱視レンズ活用指導」とか「弱視レンズ活用練習」と呼ばれることになりました。このことから、現在においては「弱視レンズ活用指導」は自立活動の時間にしておけばよいといった誤解が生じているかもしれません。「弱視レンズ活用訓練」は狭義の意味での「弱視レンズ活用指導」に置き換わったと理解するのがよいと考えています。「弱視レンズ活用指導」に置き換わる前は、養護・訓練や自立活動の時間に「弱視レンズ活用訓練」が行われ、各教科や領域などの教育課程全体を通して、弱視レンズの活用を促す指導があったことを十分に理解する必要があります。

❷　弱視レンズ活用「訓練」でなく、弱視レンズ活用「指導」であること

　ところで、どんなに丁寧にこの活用指導を展開しても「子どもがレンズを使いたがらない」という状況に接した先生も多いのではないでしょうか。これは、使用技術がまだまだ未熟で、便利な道具という認識にまで至っていない段階では当たり前のことと考えられます。さらに、この段階においては弱視レンズの有用性にも気づいていないでしょう。この状況においては、狭義の「弱視レンズ活用指導」が重要になります。

　では、初めは使いたがらなくても、弱視レンズ活用指導を通して使用技術が

第10回　弱視レンズ活用指導のあり方

向上すれば、学習場面や生活場面でも自分から使い始めるものでしょうか。スムーズに使い始める子どももいると思いますが、実際はごくわずかではないかと思われます。自立活動の時間は熱心に練習していても、他の場面では全く使わない子どもの方が多いように感じています。この状況を打開するために注意しなくてはいけないことは、弱視レンズは肉眼で見えないものを見る道具ですから、特に視覚障害特別支援学校（盲学校）においては、弱視レンズを活用しないと見えない場面を意図的に設定するなどの手だてが必要となることです。また、そういった環境の問題だけではなく、人前で弱視レンズを使用することへの抵抗感や恥ずかしいという気持ちが強く、直接的な指導場面以外ではレンズを用いないこともあります。さらに、校外学習の際に横断歩道の歩行者信号を遠用弱視レンズで確認するように促したところ、「どこを見たらよいのですか？」と子どもに尋ねられ、環境の構造の理解も必要なことに気づいたという話もよく耳にします。このように、心理的な支えや環境の構造の理解、また弱視レンズの使用場面の理解といった内容も弱視レンズ活用指導に含めて考える必要があります。

　図に弱視レンズの活用を促すプロセスとして、今回のポイントを模式的に示しました。図中の「基礎的な活用指導」は、主として自立活動の時間に行われます。これに加えて、教育課程全体を通しての「教科等における応用指導」として、使用場面の理解を促したり、弱視レンズを使用することの有効性やメリットに気づかせたりしていきます。これらの指導が、子どもたちの「主体的な活用」に結びついていきます。「弱視レンズ活用指導」が狭義に捉えられているようなことはないだろうかと問題提起しましたが、「基礎なくして応用なし」は弱視レンズにも該当します。今後、この「基礎的な活用指導」について触れていきます。

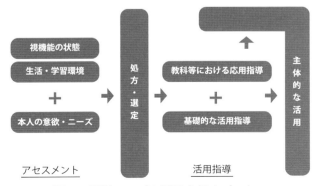

図　弱視レンズの活用を促すプロセス

引用文献
弱視医学・教育研究会（1966）弱視児の教育と医学―父母と教師と眼科医のために―．慶応通信．

第2章　シリーズ：博物館との連携

視覚障害者のための鑑賞プログラムのこれから
―台北国立故宮博物院・国立台湾美術館における取り組み―

明治学院大学社会学部社会福祉学科非常勤講師　半田こづえ
東京福祉大学社会福祉学研究科准教授　宮坂 慎司
台湾国立台北教育大学特殊教育学系助理教授　呉 純慧

① はじめに

　2014年6月から9月にかけて、東京国立博物館で特別展「台北国立故宮博物院―神品至宝―」展が開催されたことを記憶している方も多いと思います。この展覧会では不出の神品『翠玉白菜』（翡翠の白菜）と『肉形石』（瑪瑙の豚角煮）が日本にやってくることが大きな話題となりました。作品を見ることなく言葉だけでイメージすると、宝石と食べ物の組み合わせは不思議でたまらないものでした。その故宮博物院で2017年6月から、視覚障害者のための音声ガイド、館内案内図、点字版の鑑賞の手引きが導入され、併せて視覚障害者が鑑賞を深めるためのプログラムが開発されたと聞き、台北教育大学で教鞭を取る呉純慧氏の案内で訪問する機会を得ました。

　本稿では、台北国立故宮博物院（図1）と国立台湾美術館（図2）での取り組みについて、視覚障害教育と美術教育を研究する3人の立場から報告します。

図1　国立故宮博物院本館

図2　国立台湾美術館

② 台湾の視覚障害教育について

(1) 特別支援学校と通常学校に通う視覚障害児童・生徒の割合

　台湾の視覚障害児童・生徒数に関しては、教育部（日本における文部科学省）が毎年調査を行っており、最新の統計によれば、高校以下各教育段階の総人数は997名（幼稚園児46名、小学生350名、中学生271名、高校生330名）となっています（教育部，2017）。台湾には視覚特別支援学校は3校（台北市立啓明学校、台中市立啓明学校、台中市私立恵明盲学校）あり、それぞれ歴史が長く伝統があります。そのうち台北市立啓明学校は、1917年に日本人の木村謹吾氏により創立され、2017年12月に百周年祝賀会が盛大に行われました（台北市立啓明学校，2017）。

　一方、台湾の視覚障害児童・生徒に対するインクルーシブ教育は、50年前の

視覚障害者のための鑑賞プログラムのこれから

　1967年に開始され、アメリカ盲人援護会の支援により、通常学校に通う視覚障害児童・生徒を指導する視覚障害巡回教師の養成が始まりました。それ以来、インクルーシブ教育が主流となり、通常学校に在籍する視覚障害児童・生徒に対して、学校のリソースルームで視覚障害巡回教師が週に数時間、各児童・生徒のニーズに応じた指導が行われています。

　台湾にある3カ所の視覚特別支援学校は長い歴史があるものの、在籍児童・生徒の人数が年々減少する傾向がみられます。2017年現在の各校の在籍者数を見てみると台北市立啓明学校100名、台中市立啓明学校137名、台中市私立恵明盲学校85名であり、現在台湾では7割以上の視覚障害児童・生徒が通常学校に通っていることが示されています。

(2) 「台北市立視覚障害者保護者協会」

　多くの視覚障害児童・生徒が通常学校に通う中、点字教材と触図教材の不足が深刻化し、視覚障害児童・生徒の保護者がこの事態を解決するため1996年に「社団法人台北市立視覚障害者保護者協会」を設立しました。当会は「視覚障害者教材教具開発センター」を立ち上げ、視覚障害児童・生徒がより理解しやすい教材の作成に力を入れてきました。現在同センターでは各学校で使用する点字教科書、点字と墨字が併記された教科書、触地図・各種教材や資料の作成及び各教科の試験問題の点訳などを行っています。それ以外に、点字図書の発行・販売、公共施設・各種建物内の案内表示、触地図の作成などにも力を入れています。後述する故宮博物院の触地図、点字版の鑑賞の手引き（**図3**、**図4**）及び国立台湾美術館の館内触地図等はこの協会により作成されました。

図3　国立故宮博物院樓層平面圖手冊表紙　　図4　国立故宮博物院点字参観手冊表紙

第2章　シリーズ：博物館との連携

❸ 国立故宮博物院における取り組み

(1) 博物院の魅力を伝えるための展示の工夫

　台北国立故宮博物院は1965年に建設されました。質・量ともに充実したコレクションを有していて、今ではルーブルやエルミタージュと並び称されるミュージアムとなっています。2001年から大規模な改修工事を行い、より鑑賞しやすい展示空間となり、2007年2月にリニューアルオープンしました。

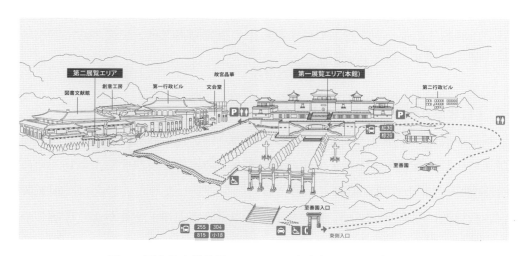

図5　国立故宮博物院エリアマップ（ガイドマップより）

　台北国立故宮博物院の展示は、主要な常設展示の第一展覧エリア（本館）と特別展が開催される第二展覧エリアに大別されます（**図5**）。鑑賞のガイドとしては、日本語を含めた10カ国語以上に対応した音声ガイドがあり、中国語と英語については子ども用音声ガイドも用意されています。これらは本館1階の案内所の側にあるオーディオカウンターで借りることができます。また、申込制での無料ガイド（中国語・英語）もあり、鑑賞サポートに対する積極さが感じられます。

　視覚障害者への鑑賞支援としては、まず『樓層平面圖手冊』及び『点字参観

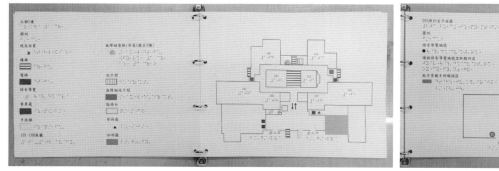

図6－1　樓層平面圖手冊の凡例の様子　　　図6－2　陳列室の触地図（平面図）

視覚障害者のための鑑賞プログラムのこれから

手冊』の貸し出しが挙げられ、利用者は本館1階の案内所でこれらを借りることができます。触地図である『樓層平面圖手冊』は凡例が様々なテクスチャで描かれ（図6）、視覚障害者の立場で利用しやすさが追求されていて、視覚障害児の保護者の思いを感じるものでした。

館内には部屋ごとにハンズオン展示の工夫があり、視覚障害者が鑑賞を深めるのに一役かっています。例えば、文字入りの紋様が刻まれている陶板があれば、その一部がレプリカとして触れられる形で展示されていました（図7）。解説を聞くだけではなく、素材に触れることでしか得られない気づきがあると感じました。

この他にも、絵付けのされた陶器、青磁の器、銅器など、数多くの展示がありますが、視覚障害者にとって描かれている図案やレリーフ状に彫り込まれた模様は言葉による解説だけではなかなか理解しづらいものです。展示室の中には所々に真鍮のプレート（図8）があり、主要な展示物について図案や模様の詳細な鑑賞を補ってくれます。プレートには精巧な浮き彫りがなされ、点字による解説文も記されています。また、ハンズオン展示の中には3Dプリンタを使用したコピーが置かれている展示もありました（図9）。極めて精巧に形が再現され、オリジナルの器の形をよく知ることができます。

図7　陶板のハンズオン展示

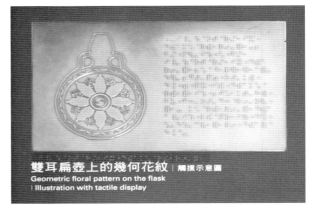

図8　真鍮板のハンズオン展示

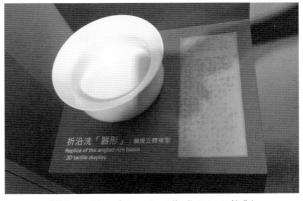

図9　3Dプリンタで作成された複製

各展示室にはそれぞれの陳列の様子を知ることのできる触地図（『樓層平面圖手冊』の部分）が置いてあり、部屋ごとにそのイメージをつかむことができます。展示に際しては鑑賞者の視点で様々な工夫がなされており、結果的に視覚障害者に対しても非常に分かりやすいものとなっていると感じました。ただ文化財を飾るのではなく、展示物の内容をしっかり伝える姿勢が感じられました。

第2章　シリーズ：博物館との連携

(2) 作品をより深く鑑賞するための独自のプログラム

　本館における様々な工夫に加え、別棟の工房では視覚障害者の鑑賞を深めるための教育活動が行われています。このプログラムの定員は最大30名で、1週間前の申し込みにより毎週木曜日午後2時から5時まで実施されます。通常音声による吹き替えのついたアニメーション「国宝総動員」を見て収蔵品に対する全体的な知識を得た後、職員またはガイドボランティアの説明を聞きながら展示品のレプリカを鑑賞するのですが、我々は映像を見る代わりに日本語ガイドボランティアの周明徳氏に解説をしていただきました。

図10　天円地方の複製

　最初に鑑賞した作品は、四角い柱に丸い穴を開けた玉器でした。大きさ、重量、材質はオリジナルの作品と同じですが、これは本物と違い、機械で彫られているとのことでした。この形は、天円地方（天は円く、地は方形であるという古代中国の宇宙観）を表しているそうです（**図10**）。天が円で表されるゆえんは、星の運行が円運動であるためで、これに対して大地は東西南北の四方をもつ四角形であるとイメージされたと聞き、中国文化への関心を喚起されました。このシンプルな形の作品は、触察に慣れていない来館者にとっても形の構造が捉えやすいという点で、最初に触る作品として適していると感じました。このようなレプリカは合わせて40点あり、その中で10点については、前述の『点字参観手冊』に収められている触図を用いて鑑賞を深めていきます。触図は3種類で構成されており、最初に、触図で採用されている線や点の組み合わせのパターンに関する凡例があり、作品全体の形が理解できるよう輪郭線のはっきりした図が描かれています（**図11－1**）。次に、作品に施されている模様が理解できるよう、模様のモチーフを拡大した図が描かれています（**図11－2**）。そして、弱視の視覚障害者が鑑賞しやすいよう写真と触図が描かれています（**図11－3**）。

　3年前『肉形石』（瑪瑙の豚角煮）が日本にやってきた時に抱いた疑問がようやく解け、この作品は瑪瑙の持つ自然の色を生かして作られている上、石という硬い材質であるにも関わらず、見る人が角煮の柔らかさを想像せずにはいられない点に人々が驚嘆していたことが理解でき、「故宮博物院に来られて良かった」と深く納得がいきました。また、これら10点の触図の他にも触っただけでは分からない青磁の器の内側に自然にできた模様の触図なども用意されていました（**図12**）。

　視覚障害者教育推進課の杜士宜氏によると、この鑑賞プログラムは1年以上

視覚障害者のための鑑賞プログラムのこれから

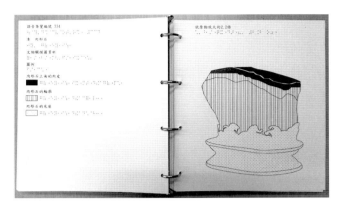

図11−1（左上）
輪郭を強調した触図

図11−2（右上）
角煮を乗せた台部分の詳細

図11−3（左下）
弱視の視覚障害者に向けた頁

かけて準備されたといいます。故宮博物院の展示品はほとんどが国宝であるため、それらに触ることは不可能です。しかし、アウトリーチ活動のために用意されている精巧なレプリカなら触ることに問題はないと考え、関係部署と交渉して40点を視覚障害者の鑑賞用に活用する許可を得ることから始め、そのうち36点には音声ガイドを、10点には触図を作成し、職員やボランティアガイドの協力を得てプログラムをスタートしたそうです。

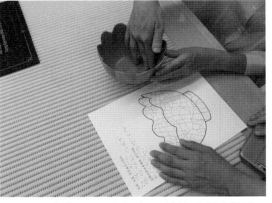

図12　青磁の肌に表れるヒビ割れを示す資料

「これからも触図の点数を増やして、よりよいプログラムにしたい」と語る杜氏の言葉には継続的な活動への展望が現れているのを感じました。

❹ 国立台湾美術館における実践

　国立台湾美術館は台湾の西側に位置する「台中市」という都市にあります。より多くの人が美術館を訪れ、美術に親しむことができるよう、入館料は無料となっています。当館はバリアフリーサービスに力を入れており、主に、視覚障害、聴覚障害、高齢の鑑賞者に対するサービスの提供と特別支援学校と連携した活動を行っています。

第2章　シリーズ：博物館との連携

図13　「時○光○機」展の入り口

図14　立体コピーとフィギュア

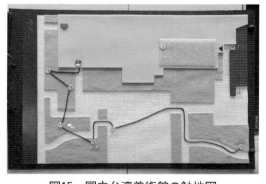

図15　国立台湾美術館の触地図

その中で、視覚障害者に対しては、毎月第2、第4木曜日の午前中、「非視覚探索計画」と呼ばれる定期的なプログラムが開催され、希望する視覚障害者は誰でも申請することができます。活動内容としては、音声ガイドによる展示品の案内、作品の触察による鑑賞及び視覚に頼らない作品の創作体験となっています。今回はこのプログラムを見学することはできませんでしたが、訪問時には「時○光○機」と題した写真展が開催されており（**図13**）、そのキュレーターを務めた趙欣怡副研究員の案内で、視覚障害者の鑑賞のための様々な実践を見せていただくことができました。趙氏は国立台湾美術館に勤めながら、台湾の視覚障害児童・生徒に対する美術、芸術に関する教育活動を積極的に行い、「社団法人台湾非視覚美学教育協会」の理事長として様々な活動に取り組んでいます。

「時○光○機」展では展示作品が写真ということで、実験的なアプローチを含めた展示の工夫がみられました。写真も絵画と同様に奥行きがあり、遠近に伴う重なりが画面に生じます。視覚に頼らずにこれらを理解しようとする時、単純に被写体の輪郭を立体にするだけではイメージの把握は困難であり不十分です。同展では、単純化された立体コピーや場面を再現したフィギュア（**図14**）、写真の画面のレリーフ化など、色々な工夫で写真の内容を視覚障害者に伝えていました。

国立台湾美術館も国立故宮博物院と同様に、案内所には触地図（**図15**）が置いてあります。国立故宮博物院のものと比べて国立台湾美術館のそれは、よりハンドメイド感が強く、国立台湾美術館の触地図が国立故宮博物院のものの基になったことが分かります。実際に触れたときの触感が考えられた温かみのある触地図でした。

国立台湾美術館では野外彫刻を中心に、視覚障害者が触れて鑑賞することのできる彫刻作品（手が届かないものもありますが）が17点ありました。面白い試みとして、視覚障害者が単独でも彫刻探索ができるようになる「國美友善導覽」（**図16**）というアプリ（本稿執筆時点では中国語のみ対応）がつくられて

視覚障害者のための鑑賞プログラムのこれから

いました。美術館の案内所ではこのアプリが入った端末を借りることができます。もしくは事前にアプリストアから個人の端末にダウンロードすることも可能です。

そして、実際にアプリを用いて野外彫刻の鑑賞ツアーを行ってみました。音声を注意深く聞きながら進んでいくと、見事に次の彫刻に案内してくれました。歩く向きや時間的長さ、方向転換のタイミングも考えられており、視覚障害者と実際に歩きながらつくったことがよく伝わってきました。同時に、支援に対する積極的な試みが感じられました。

図16-1 「國美友善導覽」の画面　図16-2 受付で借りることのできる端末

❺ おわりに

視覚障害者にとって美術文化は縁遠いものと考えられがちです。しかし、日本国内においても世界的に見てもその価値をともに分かち合おうとする取り組みが見られます。国立故宮博物院と国立台湾美術館の取り組みを見学して感じたことは、双方とも、展示自体を誰にでも楽しめる物にするための工夫に加え、希望する視覚障害者にはより深く作品を鑑賞するためのプログラムを用意するという2つのアプローチを提供していることです。鑑賞プログラムでは、本物に触ることができなくてもアウトリーチ活動のために作られたレプリカを使うなど、館のリソースが活用されていました。また、視覚障害者や教材開発の技術を持つ人々の協力が継続的で柔軟な活動を生み出していると感じました。

日本では、オリンピック・パラリンピックの開催に合わせ、障害者と芸術に注目が集まり、各地の美術館で展覧会が開かれています。これらの活動が特別なものに留まることなく、館の本流と関わりを持った継続的な活動へつながることを願って止みません。

【文献・URL】
教育部（2017）特殊教育統計年報．台北．
台北市立啓明学校（2017）北明一百継往開来　台北市立啓明学校創校100周年記念特刊．
社団法人台北市立視覚障害者保護者協会：
　https://www.forblind.org.tw/site/20032-%E8%AA%8D%E8%AD%98%E5%8D%94%E6%9C%83
国立台湾美術館：
　http://accessibility.ntmofa.gov.tw/content_45.html
社団法人台湾非視覚美学教育協会：
　http://tabva.blogspot.tw/

第3章 教科・領域の指導

3 ① 社会⋯拡大版基本地図（世界・日本）の開発

筑波大学附属視覚特別支援学校
中・高等部社会科教諭

丹治 達義

❶ はじめに ―取り組みの背景と目的―

　社会科学習における地図は、世界・日本を問わず学習する地域を理解する上で重要です。また、政治・経済・歴史等の動きを学ぶ中で、多面的に社会を理解するための一つの資料として欠かせないものでもあります。視覚に障害があっても、地図を正しく読み取り、分析するために必要な情報を適切に理解し、考察できるようにすることは社会科学習における重要な目標の一つです。

　しかし以前、「点字版『基本地図帳』の編集と特徴」（ブックレットVol.8）でも記したとおり、視覚に障害のある児童・生徒が地図を用いた学習をする場合、瞬時に全体像を把握することは困難です。さらに、多量の情報の中から必要な箇所を検索し、特定の地形をたどる等の作業には、かなりの集中力が求められ、多くの時間がかかります。そのため、児童・生徒が地図を用いた学習や地図そのものに対して抵抗感を持つケースが多く見られます。

　そこで、視覚に障害のある児童・生徒が主体的かつ効率よく学習するという観点からの課題を解決するため、視覚特別支援学校（盲学校）の社会科教員を中心に、本ブックレットでも何度か紹介しました、「日本視覚障害社会科教育研究会（以下、「研究会」）」のプロジェクトとして、まず2008年に点字使用の児童・生徒を対象に『点字版基本地図帳』を開発し、発行しました。この内容の詳細については、前掲の文献をご参照いただきたいと思いますが、この『点字版基本地図帳』は視覚障害のある当事者や視覚障害教育関係者から一定の評価を頂くことができ、視覚特別支援学校をはじめ教育の場でも広く使われるようになったと思います。

　そのような状況の中で、次に弱視の児童・生徒を対象として、2013年度から『拡大版基本地図』の開発に向けた研究を開始しました。これまでにも弱視の児童・生徒向けの地図帳はいくつか開発されてきましたが、それらを総合的に検討すると、ざっとあげるだけでも以下のような課題があることがわかりました。

- 1枚の地図上の情報量が多い
- 地図上の線が辿りにくい
- 色の識別がしにくい
- 1地域を分割して複数のページに掲載しているため理解しにくい

　今回はこれらの課題の解決をめざしました。

　また、点字使用者と弱視の墨字使用者とが一緒に学習する視覚特別支援学校（盲学校）における授業での利用を考慮した地図帳が見られないことも課題で

①社会：拡大版基本地図（世界・日本）の開発

した。そのため、「研究会」が開発した『点字版基本地図帳』をベースに、拡大版を作成することとし、先述の課題を解消しながら、盲弱混合の授業で利用できる地図帳の開発を行うことも研究の目的としました。

なお今回の開発については、「研究会」のプロジェクトとしてワーキンググループを置き、2013年度からほぼ4年間にわたり、月1回程度、検討会を開いて検討を重ねました。この結果、2014年度はじめに日本地図（28枚）が、また2016年度末に世界地図（38枚）が一応の完成を見ることができました。本稿では『点字版基本地図帳』と同様に、この地図を多くの皆様に活用をしていただけるよう、その全体について報告したいと思います。

❷ 「拡大版基本地図」開発の方法と特徴

まず、1で示したような課題を解決するため、「研究会」として検討した結果、以下のような内容で地図を作成することとし、日本地図から順に試作しました。

⑴ **完成目標**
　日本・世界の各地図を早期に利用できるように作成することを目標とする。

⑵ **対象**
　『点字版基本地図帳』と同様、視覚特別支援学校中学部の生徒を対象とする。なお、小学部の児童が利用することも念頭におく。

⑶ **地図全体に共通する事項**

　ア．サイズと印刷方法
　　地図はB4判、片面印刷とする。ルビの付いた掲載地名リストはA4判、両面印刷とする。

　イ．構成
　　基本的な図の種類は『点字版基本地図帳』に準じ、各地域について、「県と都市」・「自然」の2種類を作成する。ただし、拡大版の日本地図のみ3枚目として、「県と都市・自然を合成した地図」（以下、「合成図」）を作成する。

　ウ．用紙の色
　　クリーム色をベースとし、反射に配慮する。（※現在は白色の紙を用いています）

第3章　教科・領域の指導

エ．枠線

点字版同様、地図に枠をつけ、枠外に以下の情報を掲載する。

a）タイトル　　枠の左上

b）縮尺　　　　枠の右上

c）緯度・経度　枠の周囲（原則として左側と下側）

d）ページ番号　枠の右下

オ．掲載する情報量

原則として、『点字版基本地図帳』に準ずる。

日本地図の「県と都市」の地図は、都道府県ごとに、県名と3つの都市まで都市名を記載する。3つの都市は人口上位第3位までを原則とし、その他の社会科学習に必要な基本的な都市名については、最小限の範囲で追加する。

世界地図の「国・首都・都市」は、首都名（書けない場合は首都の位置）を示し、国名は示せるようにする。

「自然」の地図は、日本地図・世界地図ともに『点字版基本地図帳』の原典に掲載された重要事項に限定する。

カ．文字のフォント等

文字のサイズは、14ポイント程度を基本とし、配置の工夫により見やすくすることを重視する。書体は、「ヒラギノ丸ゴシックＷ４」を使用する。地名は原則として黒色とする。

キ．文字の向き

文字の向きは縦とし、斜めに配置しないようにする。文字列は原則として横書きとするが、配置の都合で縦書きの方がわかりやすい場合は縦書きとする。

また、やむを得ず斜め書きにせざるを得ない場合は、上から下に書く。

ク．文字の配置

地名を表す文字は、「県と都市」「国・首都・都市」と「自然」では見やすさを優先して配置するが、「合成図」では紙幅の限界から「県と都市」、「自然」と同じ位置に配置するとは限らない。

⑷　「県と都市」「国・首都・都市」の地図

ア．海と陸

都市の位置や名前を読みやすくするため、海には水色を塗るが、陸は着色しない。海の上に文字を配置せざるを得ない場合は、海の色の濃淡を考慮し、読みやすくする。

①社会：拡大版基本地図（世界・日本）の開発

　　イ．都市

　　　　県庁所在地または首都を□、他の都市は○の記号で示す。日本地図において県名、世界地図において国名にはアンダーラインを引く。

　　　　都市名の文字は記号に対して、見にくくならないよう配慮して配置する。

⑸　「自然」の地図

　　ア．海

　　　　「県と都市」「国・首都・都市」の図とすぐに区別できるようにするため、海には着色しない。ただし、湖には水色を塗る。

　　　　名称を示す文字は原則として青色とする。（黒色も可とする）

　　　　文字全体の部分を白く塗り、○囲みとする。

　　　　海峡については、波線のアンダーラインを引く。

　　イ．陸

　　　　陸地は標高別に、平野と山地に塗り分ける。色は薄い緑色と薄い茶色とし、コントラストに配慮する。文字の配置の都合からデフォルメすることもある。文字の周囲については文字が際立つように濃淡を調整する。

　　ウ．山・山地・山脈

　　　　山は「▲」（中を塗った三角形）の記号を付ける。

　　　　山が山地にかかる場合は記号を目立たせ、山地の茶色にかからないようにする。山脈内にある山は、山脈と一体化しないように配慮する。

　　エ．川

　　　　川は青色の線とする。名称は見やすさに配慮して位置を設定し、青色で記す。なるべく河口付近におく。

　　オ．湾

　　　　名称は原則として黒色で記す。文字全体の部分を白く塗り、○囲みとする。

⑹　「合成図」（※日本地図のみ）

　　ア．県境　　県境は赤色とする。

　　イ．海　　　海には色を塗らない。

　　ウ．山脈　　紙面の都合から名称を山脈の上に書く場合がある。

　　　　名称を示す文字に白い縁取りをせず、山地の濃度を下げることで読みやすくする。

　　以上が原則になります。各図において調整をしながら作成しているため、それぞれの図の中で、一部例外が生ずることがあります。

19

第3章　教科・領域の指導

次に、参考となるように日本地図と世界地図の目次を、表に示します。

表　『拡大版基本地図』目次（2017年7月）【総計66ページ】

「日本地図」全28ページ	「世界地図」全38ページ	
1．日本の領域	1．世界全図　　6大陸と3大洋	22．イギリス・アイルランド　自然
2．日本の主な島々	2．世界の州と緯線・経線	23．北部ヨーロッパ　国・首都・都市
3．日本の8地方区分	3．アジア5区分図	24．北部ヨーロッパ　自然
4．南西諸島★	4．東アジア　国・首都・都市	25．東部ヨーロッパ　国・首都・都市
5．九州地方の県と都市	5．東アジア　自然	26．東部ヨーロッパ　自然
6．九州地方の自然	6．東南アジア　国・首都・都市	27．バルカン半島　拡大★
7．九州地方（合成図）	7．東南アジア　自然	28．ロシア連邦とその周辺の国々と自然
8．四国地方の県と都市	8．南アジア　国・首都・都市	29．北アメリカ　国・首都・都市
9．四国地方の自然	9．南アジア　自然	30．北アメリカ　自然
10．四国地方（合成図）	10．西・中央アジア　国・首都・都市	31．アメリカ合衆国　首都・都市
11．中国地方の県と都市	11．西・中央アジア　自然	32．アメリカ合衆国　自然
12．中国地方の自然	12．西アジア拡大　国・首都・都市★	33．中央アメリカ　国・首都・自然★
13．中国地方（合成図）	13．西アジア拡大　自然★	34．南アメリカ　国・首都
14．近畿地方の県と都市	14．アフリカ　国・首都	35．南アメリカ　自然
15．近畿地方の自然	15．アフリカ　自然	36．オセアニア　国・首都・都市
16．近畿地方（合成図）	16．アフリカ西部　国・首都	37．オセアニア　自然
17．中部地方の県と都市	17．アフリカ中南部　国・首都	38．環太平洋の自然と島々
18．中部地方の自然	18．ヨーロッパ全体図★	
19．中部地方（合成図）	19．西部ヨーロッパ　国・首都	
20．関東地方の県と都市	20．西部ヨーロッパ　自然	
21．関東地方の自然	21．イギリス・アイルランド　国・首都・都市	
22．関東地方（合成図）		
23．東北地方の県と都市		
24．東北地方の自然		
25．東北地方（合成図）		
26．北海道地方の都市		
27．北海道地方の自然		
28．北海道地方（合成図）		

注：★は「点字版基本地図帳」の内容から変更あるいは追加したもの

①社会：拡大版基本地図（世界・日本）の開発

❸ まとめ ―今後の課題と使い方の留意点―

⑴ 今後の課題

　この地図は、「研究会」として、視覚特別支援学校（盲学校）の教員や弱視当事者の意見をさまざまな形で反映させてきました。検討会の参加者や、毎年夏に行われている「研究会」の研究協議会で紹介し、社会科の授業をはじめとして少しずつ使いはじめているところです。現在（2018年1月）のところ、この地図は出版に至っていません。開発に携わった関係者からは、視覚障害だけでなく学習障害や発達障害など、地図を読むことに困難さがある多くの方にも有用ではないか、という声も出ています。

　また、「まずは拡大版地図を授業で使えるようにする」ことを主眼に置いたために、現在はこの全66枚の地図が完成したのみで、索引等の整備が終わっていません。急ぎそれらも作成し、1つの「日本地図・世界地図」をあわせた「地図帳」としての完成をめざすことが課題です。その際には私たちとしても出版し、成果を還元できるようにしたいと考えています。

⑵ 使い方の留意点

　現在この地図は、「研究会」のメンバーを中心に、社会科をはじめとする教育現場での授業での使用に限って実費負担をお願いした上でお渡しし、またその結果（どのような授業に取り組んだか、児童・生徒はどう言っているか）をご報告いただくようにしています。この地図の利用を希望される方は、下記の「研究会」事務局までご連絡くださるよう、お願いいたします。

　なお、今後出版されましたら、改めて本誌面でもご報告したいと思います。

「日本視覚障害社会科教育研究会」事務局（筑波大学附属視覚特別支援学校内）
事務局長　青松　利明　　aomatsu@nsfb.tsukuba.ac.jp

【参考資料・文献】

日本視覚障害社会科教育研究会監修（2008）点字版『基本地図帳―世界と日本のいまを知る―』視覚障害者支援総合センター.

丹治達義（2008）点字版『基本地図帳』の編集と特徴.『視覚障害教育ブックレット』Vol.8，p.46-53．ジアース教育新社.

青松利明・佐藤信行・鈴木彩・丹治達義（2014）多様な視覚障害に配慮した地図帳の開発に向けた取り組み．平成26年度全日本盲学校教育研究会（高知大会）発表資料.

3

第3章　教科・領域の指導

② 数学広場(19)：計算のイメージ ―因数分解(1)―

筑波大学附属視覚特別支援学校
中・高等部数学科教諭

内田　智也

スーさん：あれ、テーブルにナンバグリルのポイントカードが置いてあるけど、ウッチャンのかい？

ウッチャン：あっ、それはぼくのです。このお店のポイントカードはちょっと変わっていて、支払額に応じてスタンプをおしてくれるのではなく、来店1回につきそれぞれの人に1スタンプがもらえるんです。5スタンプでドリンク1杯無料券、10スタンプで2000円割引券がもらえるシステムなんです。だから、このお店には、何回も通わないといけないので根気が必要なんですよね！

スーさん：ポイントのために行くようになっては、お店の術中にはまった感じで嫌だけど、好きで行くのが重要だね！ところで、ポイントを2倍貯めると、特典は2倍より大きくなりそうだね。

ここはxy大学のカフェテリア、頬をさすような冷たい風から逃れるように学生たちが駆け込んできている。そんな学生たちとは独立して、ひときわ暖かいテーブルで、ミルクティーを楽しみながら荷物整理をしているウッチャンのところに、カフェオレを持ったスーさんが現れた。

スーさんはxy大学に33年勤めている。数学をこよなく愛し、学生からもスーさんと呼ばれるほど、人気者の数学者である。スーさんはカフェテリアによく現れることで有名で、用事のある学生は、まずカフェテリアに訪ねていくというほどである。

ウッチャンは、点字で学ぶ数学科の学生であり、彼もカフェテリアの常連で、授業前のお茶を日課としている、お茶好きな学生である。

ウッチャン：はい、このポイントカードは期限がないので、たくさん貯めるとお得なんです。1来店あたりの一人分の支払額をx円として、どれだけお得かを計算してみると、ナンバグリルでは1番高いドリンクが700円なので、5スタンプでは$5x-700$円、10スタンプでは$10x-2000$円となります。比較のために、2つの式を整理すると、$5(x-140)$と$10(x-200)=2\times5(x-200)$となります。こうしてみると、1来店あたりのお得さがはっきり分かりますし、還元ポイントは支払額xに影響されず、お得感がxによって決まることが分かって、このポイントの形式も楽しいなと思っているんです。

スーさん：なるほどね、ポイントの評価は、実際の現金で戻るわけでもないし、多くの場合、獲得後に使用できるものなので、それまでの支払額に適用するのは厳密性に欠けるようにも思うけど、なかなか面白い分析だね。今の評価では、来店回数でそれぞれの式をくくり、さらに、10を2×5と素因数分解し

22

②数学広場⒆　計算のイメージ ―因数分解⑴―

て、比較部分を明確にしたんだね。あっ、以前、展開の話を聞かせてもらっ
たけど、今回は、因数分解についても聞かせてくれないかな？

ウッチャン：はい、分かりました。では、まず素因数分解から考えてみますね。
例えば6は、6＝2×3ですが、これは九九の感覚から出てきます。12なら、
12＝3×4が浮かんできて、その結果を思い浮かべながら、4＝2×2を意識し
て、12＝3×2×2を浮かべています。

スーさん：ウッチャンは九九の感覚を中心に使っているのかな。じゃあ、65や
91などはどうだい？

ウッチャン：はい、65は九九にはありませんが、一の位が5なので、5で割り
切れることが分かって、65＝5×13となります。また、91は九九にもなく、
3や5の倍数でもありませんので、次に大きな素数である7で割ってみます。
すると、幸運にも割り切れて、91＝7×13であることが分かります。

スーさん：そうか、九九以外のところで、あきらかな約数が見あたらない場合、
小さい順に素数で割っているんだね。いろいろな素数の判定法はあるけど、
地道にやっているようだね。では、360や578などはどうかな？

ウッチャン：そうですね、360は、教科書的には2で割るのだと思いますが、
10で割れることがすぐに分かるので、360＝36×10と考え、
36＝6×6＝2×3×2×3と10＝2×5を同時に意識して、最後にまとめて、
360＝2^3×3^2×5とします。また、578は、直感的に割り切れる大きな数が浮か
びませんので、基本に戻り、最小の素数の2で割ります。すると、
578＝2×289となりますが、289は3でも5でも7でも割り切れません。なの
でこのあとは、少々手ごわいです。400＝20×20であることから、400以下の
合成数の場合、20までのいずれかの数で割り切れることになります。そこで、
289の一の位の9に注目します。○×△＝□9になるのは、1×9、3×3、
7×7の3通りですので、11、13、17、19が候補になります。19×20＝380で、
19×19は300以上の数であることが分かり、候補は3つになります。あとは
おとなしく割り算をします。289÷11は11が20個で220、余りが69となります
が、余りが66でなければ割り切れませんので、次に移ります。289÷13も13
が20個で260、余りが29となり、26ではありませんので割り切れません。最
後に17で割ると見事に割り切れますので、578＝2×17^2となります。ただ、
三平方の定理を使うようになったころから平方数に慣れてきましたので、今
となっては、289＝17^2であることに気が付きます。

スーさん：なるほど、数によって、早い段階で小さい数の積にできそうなとき
は、それを優先しているんだね。578の場合は、数の特徴に慣れていないと

第3章　教科・領域の指導

難しいね。特に、400以下の合成数は、20以下の自然数で割り切れることを知らないと大変だね。もし、20以下の自然数で割り切れないような400以下の合成数が存在したとすると、その数は、（21以上の自然数）×（21以上の自然数）の形で表されることになるので、その数は、400より大きくなってしまうということだよね。この点は掛け算が嫌いな人にとっては難しいところだろうな。また、大きな数については平方数を知っているとそれを基点にしても考えられるから慣れも大切だね。ところで、ちょっと気になったんだけど、360のときは10で割って$360＝36×10$、578のときは2で割って$578＝2×289$としていたけど、割った数の位置が違うのは何か意味があるのかい？

ウッチャン：あまり気にしていませんでしたが、それ以上分解の必要がない数のときは前に置いて、そうでないときは、集中したい数を前にして考えているのかもしれません。ただ、簡単なものから素因数分解していけばよいように思うのですが、10の場合、2×5を意識しながら36を考えるよりは、36の素因数分解をしてから、10を軽く2×5として重ねる方が、記憶量が節約できるからかもしれません。

スーさん：なるほど、これまでも何度となく出てきたけど、記憶量を節約する工夫なんだね。逆に言えば、10を2×5と自然に思えるくらいの熟達ができていないと、記憶量の節約もできないということなんだろうね。では、そろそろ文字式の因数分解も聞かせてもらえないかな。

ウッチャン：はい、まずは、$2x＋2y$を考えてみます。$2x$と$2y$を$2×x$と$2×y$のように同時に意識します。そして、$2(x＋y)$と因数分解します。今となっては自然に2をくくり出せるのですが、その結果が正しいことを確認するために2種類のことを意識しています。一つ目は、逆の計算で元に戻るかということです。$2(x＋y)$は、2をxとyに掛けて、$2x＋2y$となります。二つ目の確認は意味です。xを2倍したものとyを2倍したものを足すのだから、xとyを足したものを2倍しても同じだということです。前者の確認はほとんどの計算で行っています。後者は少々複雑なときに必ず確認をしています。

スーさん：なるほど。相変わらず丁寧に処理をしているんだね。因数分解は様々な計算の過程でよく使用されるものでもあるし、また、ウッチャンがやっているように、逆の演算が可能なものだから検算は不可欠だね。基本的には、展開が検算になるのだから、展開に習熟していることが大切なんだね。

ウッチャン：はい、そうだと思います。因数分解をするときには、どのような式を展開すると与えられた式になるのかなというように見ていることが多い

②数学広場⒆　計算のイメージ ―因数分解(1)―

です。$ax+ay$は、aをxとyに掛けた結果だなと思います。

スーさん： では、$3ax+12ay$や$\dfrac{1}{2}x^2+\dfrac{1}{4}x$などはどうだい？

ウッチャン： そうですね。$3ax+12ay$のときは、xとyの係数に注目します。$3a$と$12a$で、まずはaをくくり出して$a(3x+12y)$、そして、$12=3\times4$ですから、$3\times x+3\times4y$と見て、$3a(x+4y)$となります。aと3は慣れてくると、$12a=3a\times4$と見て、同時に$3a$をくくり出せるようになりました。もちろん、展開をして検算もしています。次に、$\dfrac{1}{2}x^2+\dfrac{1}{4}x$ですが、$\dfrac{1}{2}$を$\dfrac{2}{4}$と考え、$\dfrac{1}{4}(2x^2+x)$とします。そして、$x^2+x=x\times x+x\times1$と見て、$\dfrac{1}{4}x(2x+1)$とします。分数をくくり出すときは（　）内に分数が残らないようにすることが基本だと思いますので、通分を駆使するため、検算も丁寧にするようにしています。このように、共通な因数でくくる場合、どのような項があるのか一つ一つをきちんと意識して、各項を積の形で意識するようにしています。その上で、できるだけ式全体を同時に思い浮かべながら、共通な因数を見つけるようにしています。

スーさん： じゃあ、式が長くなると結構大変なんだろうね。
例えば、$a^2bx^2+2abxy+ab^2y^2$などはどうだい。

ウッチャン： これはそれほど長く感じませんが、高校1年生のときは、おそらく一気には処理できなかったと思います。項を丁寧に見ながら、共通なものを探します。まずは、aだなと思い、aだけをくくり出すことにします。つまり、$a(abx^2+2bxy+b^2y^2)$となります。ここで、（　）内の式に注目して、bをくくり出せることに気付きます。abをくくり出せることになりますので、$ab(ax^2+2xy+by^2)$となります。

スーさん： なるほど。またもや記憶量の節約なんだね。まずはaだけを出しておいて、残りに集中してbを出し、全体としてabをくくり出したことにしたわけか。これも、慣れてきたら、abを同時に出せるようになったのかい？

ウッチャン： はい、そうです。今では、大きなかたまりでくくり出せるようになってきました。とはいえ、気付けないこともあります。そのときは、小さなものを順にくくり出しています。各項に共通の因数がある場合はよいのですが、$xy+2x-y-2$などは結構難しいです。まず、各項を見ても共通の因数がありませんので、xyと$2x$に注目して、$x(y+2)$を想像します。次に、$-y-2$を見てみるわけですが、ここで、$-(y+2)$のように-1をくくり出せれば、$(x-1)(y+2)$であることが分かります。もちろん検算をしますが、これは相当慣れていないと、共通な因数に気付くことができません。しかも、共通の因数が多項式ですので、それをかたまりとして意識できないと、くく

第3章　教科・領域の指導

り出すという思いに達することができません。

スーさん：そうだね。多項式でくくり出すためには、同じ多項式を同時に意識
できないと難しいから、式全体を意識できないと難しいね。そして、単項式
をくくり出したときと同様の操作をするために、多項式をＡやＭなどの文字
に置き換えて、さっきの式でいえば、$y+2$をＭとおくと、

$x\mathrm{M}-\mathrm{M}=(x-1)\mathrm{M}=(x-1)(y+2)$となるわけだよね。とはいえ、$-1$をく
くり出す操作は少々注意が必要だよね。

ウッチャン：はい、それはいつも気を付けています。-1をくくり出すとそれ
ぞれの項の符号が変わります。単純であるために、間違いもしやすくなりま
す。$-x-y+z-w=-(x+y-z+w)$として、必ず、両辺のそれぞれの項の
符号が逆になることを確認するようにしています。ただ、-1でくくるとき
に難しい問題は、$xy-2x+2-y$などです。まず、$x(y-2)+2-y$としますが、
そこで、$y-2$と$2-y$が簡単には一致するように思えません。
$2-y=-(-2+y)$としても一致せず、項の順序を変えて、$y-2$としてはじ
めて一致します。ここで、$y+(-2)$を$y-2$と自然に思うことができないと
うまくいきません。

スーさん：共通因数を探すためには、項を正確に捉えられることと、加法の交
換法則、減法と負の数の加法との関係の理解など、数学の初期の基本概念が
きちんと備わっていないとできるようにはならないんだろうな。因数分解の
基本は、共通因数をいかに見つけるかということだけど、2次式の因数分解
はどうなんだい。

ウッチャン：2次式については公式が教科書にありますが、ほとんど使ってい
ません。基本的に、展開をしたときの結果として考えています。例えば、
x^2+5x+6では、$(x+a)(x+b)$の形になるんだろうなと思いつつ、展開を考
えます。すると、$ax+bx$が$5x$になるので、$a+b$が5、そして、abが6にな
ることが分かります。ここからは足して5、掛けて6になる数を探すパズル
を解くことになりますが、今回はシンプルで、2と3であることが分かりま
す。x^2+2x-8では、足して$+2$、掛けて-8となる数の組を考えます。足
す組み合わせは多すぎるので、掛け算から考えます。8は$2×4$か$1×8$が基本
で、-8であることから異符号の数であることが確定し、絶対値の差が2で
あることから、$2×4$となります。和が$+2$ですので、$(x+4)(x-2)$となります。

スーさん：なるほどね。この方法で考えれば、平方の形への因数分解や平方の
差の因数分解もできそうだね。

ウッチャン：はい、平方の形への因数分解では使っているかもしれません。

②数学広場⑲ 計算のイメージ ―因数分解⑴―

$x^2-8x+16$では、掛けて16、足して-8と考えることになりますが、16を見たときに4の平方数だなと思い、その4の2倍の8があるので、$(x-4)^2$となります。符号の調整はあとになっているのかもしれません。平方数には非常に敏感になっているようです。おそらく、$(x+a)^2=x^2+2ax+a^2$と展開の結果がとてもきれいだなと思っているので、平方の形への因数分解では感覚的に「これだ」と思うことが多いです。平方の差の場合も、公式というか、慣れてしまっているようです。$(x+y)(x-y)=x^2-y^2$という展開の結果から、平方の差は、和と差の積になるなと言語化ができるので、心配なく使用しています。もちろん、検算は行っています。

スーさん：なるほど。構造がシンプルなものは感覚的に処理ができるようになっていくのかもしれないね。では、少々複雑な、$9x^2+6x+1$や$4x^2-9y^2$などはどうかな。

ウッチャン：まず、$9x^2+6x+1$は、$9x^2$を見たときに$3x\times3x$の結果かなと思い、定数を見ると1なので、1×1かなと思います。ここで、$(3x+1)^2$を期待します。そして、与えられた式のxの係数が$+6$になりますので、これが正解となります。次に、$4x^2-9y^2$ですが、$4x^2=(2x)^2$と$9y^2=(3y)^2$が意識できれば、平方の差なので、$(2x-3y)(2x+3y)$とできます。

スーさん：やはり、基本形がしっかり分かっていて、展開がきちんとできればよさそうだね。じゃあ、今日はあまり時間がないので、次回は、$2x^2+7x+3$のようにたすきがけを使うことの多い因数分解や、3元2次の式や3次以上の式の因数分解についても話を聞かせてくれないかい。

ウッチャン：はい、分かりました。いずれにしても、式の解釈と展開のイメージが基本になっているようです。それに、かたまりをいかにして見つけられるかというところがひやひやするところですね。

スーさん：みんなも、因数分解はウッチャンと同じような方法で考えているのかな？ もし、違う方法の人がいたら教えてね。

3 ③ 物理∶動きをイメージする図を理解させる工夫

筑波大学附属視覚特別支援学校
中・高等部理科教諭

石﨑 喜治

❶ はじめに

　物理のある概念を理解するとき、その理解の方法は様々です。例えば、式を言葉に置き換えて物理量の間の関連をイメージする方法、言葉に加えさらに図を用いて理解する方法、図を見て直感的に理解する方法などがあります。

　図は概念を理解するよい方法の1つです。しかし、視覚に障害がある生徒たちには、図を理解することが困難なことがしばしばあります。

　それでも図は、視覚に障害がある生徒にとって概念を理解する手段として有用なことも多くあります。今回は、そのような例として、等速円運動の加速度を求める図、ドップラー効果の図、波の屈折をホイヘンスの原理で説明する図をとりあげ、詳しく示します。さらに、視覚に障害がある生徒にも概念を理解できる図の工夫の視点を説明します。

❷ 等速円運動の加速度を求める図

　図1は、物体が等速円運動をするときの加速度を図によって求めるときの標準的な図です。2つの図から構成されています。(a)は、円周上を等速で運動している物体の2点PとQにおける速度を表すのが目的で、(b)は、その2つの速度を始点がO'と一致するように示し、速度変化$\Delta \vec{v}$を表すのが目的です。

　図1の(a)に表されているように、物体が点Pを時刻tのときに速度$\vec{v}$で通過し、点Qを時刻$t+\Delta t$のときに速度$\vec{v'}$で通過するとします。そして、物体の位置が時間Δtの間に点Pから点Qへ変化したときの中心角∠POQを$\Delta \theta$とします。物体は等速円運動をしているので、$\vec{v}$と$\vec{v'}$の大きさは等しく、向きのみが変化します。

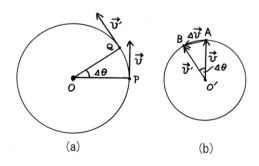

図1　等速円運動の加速度を求める図

　加速度は図1の(b)から求めます。(b)の速度の矢印の先端は、O'を中心に半径$|\vec{v}|=|\vec{v'}|=v$の円周上を等速で図(a)の物体と同じ向きに回転します。物体が図1の(a)の点Pから点Qへ回転すると、図1の(b)の速度の先端は点Aから点Bへ回転します。

　図1から加速度を求めるポイントは、

　(a)の$\Delta \theta$と(b)の$\Delta \theta$の角が等しいことを納得することです。

③物理：動きをイメージする図を理解させる工夫

Δt が非常に小さいとき、$|\Delta \vec{v}| = |\vec{v}| \Delta \theta$ となります。加速度の大きさを $|\vec{a}|$ とすると、

$|\vec{a}| \fallingdotseq \left|\dfrac{\Delta \vec{v}}{\Delta t}\right| = |\vec{v}|\dfrac{\Delta \theta}{\Delta t}$　と求められます。

視覚に障害のある生徒が図1を理解する上で困難な原因の1つは、図(a)の始点の異なる2つの速度 $\vec{v}$、$\vec{v'}$ を離れたO'まで、平行移動して比較することにあります。この困難に対しどのような工夫をして理解しやすいものにするか検討しました。

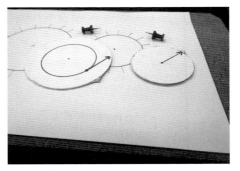

図2　等速円運動の加速度を求める教材

図2は、この困難を取り除く工夫をした教材です。材料は、コルク板、厚紙、カプセルペーパー（通称立体コピー用紙）そして画鋲です。図3のように組み立てます。線はカプセルペーパーに描き、そのカプセルペーパーを厚紙に貼ります。厚紙は円形に切り取ります。台紙、円形に切り取った厚紙2枚をコルク板に載せ、画鋲で固定します。2つの

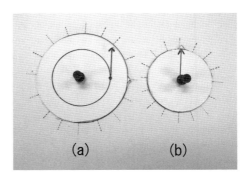

図3　図2の教材を組み立てたもの

円の位置関係は、図1と同じで、図1の(a)(b)が、図3の(a)(b)に対応します。

図3を図4のようにコマ送りして回転させていきます。物体が図3の(a)の

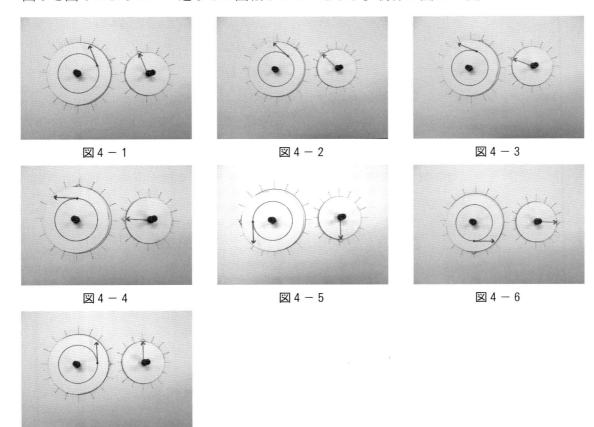

図4　図3のコマ送り

第3章　教科・領域の指導

円周上を一周すると、速度の矢印の先端も図3の(b)の円周上を一周することが容易にわかります。

この作業を通して、

図1の(a)の$\Delta\theta$と(b)の$\Delta\theta$の角が等しいことを納得すること

が容易にできます。

こうして、等速円運動をする物体の加速度を求める要が理解できます。

❸ ドップラー効果を説明する図

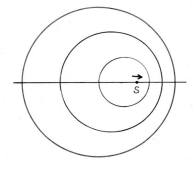

図5　波源が運動するときの波の様子

図5は、波源が直線上を等速で運動するときの波の様子を示す標準的な図です。この図を基にドップラー効果を説明するのが一般的な方法です。

ドップラー効果を理解するポイントは、

波源で発生した波は、発生した場所を中心にどの波も波源の運動の速さに関係なく同じ速さで伝わることを納得すること

です。

これを納得する実験は、「波の導入実験」[1]をご覧ください。波の基本性質を視覚に障害のある生徒が観察できる手法を詳しく書きました。

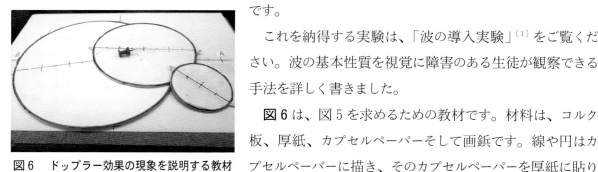

図6　ドップラー効果の現象を説明する教材

図6は、図5を求めるための教材です。材料は、コルク板、厚紙、カプセルペーパーそして画鋲です。線や円はカプセルペーパーに描き、そのカプセルペーパーを厚紙に貼ります。厚紙はさらに円形に切り取ります。図7は、画鋲が直線上を運動する波源で、波源の波の周期ごとにコマ送りしたものです。波源から発生した波は、発生した場所を中心に円形を保ったまま広がっていきます。波源の動きと波の広がる様子を、作業を通して完成させます。完成した図7－4は、図5と一致します。

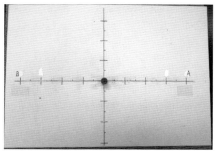

図7－1

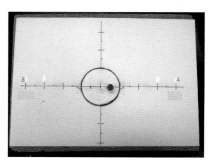

図7－2

③物理：動きをイメージする図を理解させる工夫

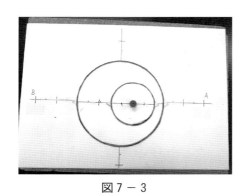

図7－3 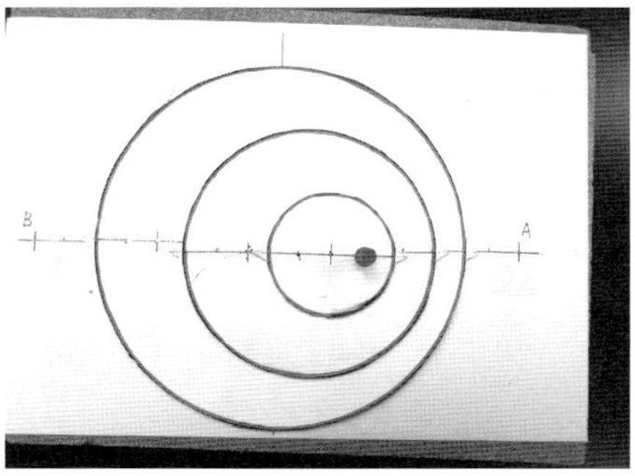　　　　　　　　　　　　図7－4
図7　波の様子の変化を示す図のコマ送り

❹ 波の屈折をホイヘンスの原理で説明する図

　図8は、波の屈折をホイヘンスの原理で説明する標準的な図です。ドップラー効果と同様に異なる時刻に発生した波を1つの図にしているのでなかなか複雑です。わかりやすい図にするには、ドップラー効果のときと同様にコマ送りの手法を用いることです。すなわち、等間隔の時間ごとの波の広がりを、模型で再現することです。

　屈折の現象を理解するポイントは、

　図8の境界線ＢA'を境にして波の進む速さが異なること、同じ領域では同じ速さで進むことを理解すること

です。

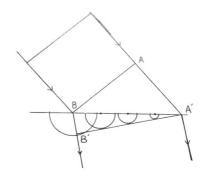

図8　ホイヘンスの原理で屈折を説明する図(1)

　図9は、図8を理解しやすいように工夫した教材です。材料は、コルク板、厚紙、カプセルペーパーそして画鋲です。厚紙は、半径の比が1、2、3、4の4つの円形に切り取ります。

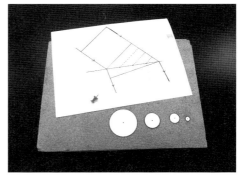

図9　ホイヘンスの原理で屈折を説明する教材

　図10のようにコマ送りにして屈折が生じる境界線で発生する素源波の様子を、作業を通して完成させます。完成した図11は、図8と一致します。

　これらの図の工夫の視点は次のように言ってもよいでしょう。
　時系列で表された現象を1つの図に描かれているときには、時刻の順に現象を表すことです。作業を通してそれぞれの図を完成させるとイメージがより鮮明になります。

第3章 教科・領域の指導

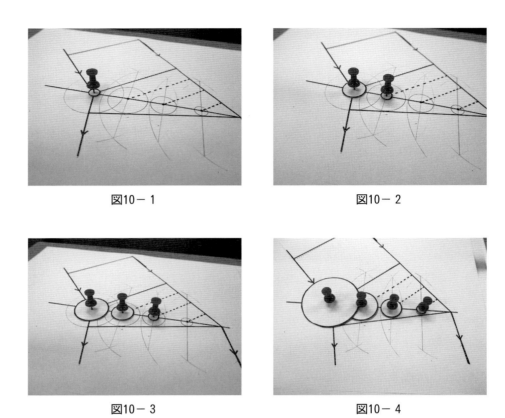

図10-1　　　　　　　　　　　　図10-2

図10-3　　　　　　　　　　　　図10-4

図10　屈折を説明する図のコマ送り

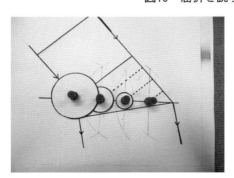

図11　ホイヘンスの原理で屈折を説明する図(2)

【参考文献】
［1］石﨑喜治（2015）波の導入実験.『視覚障害教育ブックレット』Vol.29, p46, ジアース教育新社.

コラム

コラム 楽譜点訳研究会

　楽譜とは、音楽を書き写し記録したものです。そして、視覚障害者にも、記録された音楽を正確に理解できるよう、楽譜の点訳が行われています。音符や主な記号には、すでに相当する点字の配列の規則が決められており、それにしたがって点訳されています。

　しかし、楽器の奏法や表現方法は、常により高みを求めて日々新しく生み出され、楽譜に反映されています。そもそも楽譜は、音楽をヴィジュアルに表示したものであり、新しい表現方法や理解のための記号も、さらにヴィジュアルに訴える要素で作られます。このため、新しい表現方法を表す記号が含まれた楽譜に直面するたび、点訳者は頭を悩ませています。

　また、音楽理論や和声の教則本では、理解を助ける様々な記号が楽譜に書き込まれています。そして理解の程度を確認するための右のような課題には、穴埋めのためのカッコや、注目すべき音を指示するための矢印などが書かれているため、さらに点訳の煩雑さが増すことになります。

　I　音名と譜表
　問題　1
　次の各音のうち，↑印の付された音のドイツ音名を（　）の中にしるせ。ただし一点音，二点音等の区別は不要である。

石桁真礼生他『楽典　理論と実習』（音楽之友社）より

　そこで、「楽譜点訳における創意工夫の情報や、点訳済み楽譜、出版目録の情報を共有し、点訳グループ・依頼者など関係者のネットワークを構築することにより、視覚障害者の音楽活動や学習を支援すると共に、よりよい点字楽譜のあり方を探求する」ことを目的として、2005年に、関東地区点字研究会の呼びかけで楽譜点訳研究会が設立されました。

　その後、年に2、3回の頻度で、楽譜点訳を手掛けるボランティアグループのメンバーや、楽譜点訳に関心のある方、筑波大学附属視覚特別支援学校音楽科教員などが集まり、わかりやすい点字表記、挿入される記号と音楽の解釈の関係、現代の作曲家の作品における新しい奏法や表現を表す記号の点訳方法などについて、具体例をもとに協議したり、楽譜点訳の経験が豊富な方による講演を聞いたりして研究を深めています。

（筑波大学附属視覚特別支援学校音楽科教諭　熊澤　彩子）

第3章　教科・領域の指導

④ 化学：電池の仕組みを考えよう（その２）

❶ はじめに

　前回は、マンガン乾電池の仕組みについて調べました。今回は、化学変化を利用して、電子の流れを作り出す仕組みについて、生徒自身が実験を通して考えていきます。代表的な化学電池であるボルタ電池、ダニエル電池を、安全で少量の薬品しか使わない経済的な方法で作ります。

　中３授業でのＳ（**生徒**）とＴ（**教員**）のやりとりを中心に報告します。

❷ いろいろな金属と塩酸との反応を比べてみよう

Ｔ「亜鉛、マグネシウム、銅と塩酸との反応を比べてみましょう。」
Ｓ「金属と塩酸が反応すると水素が発生するよ。水素を作るときにやったよ。」
Ｔ「そうですね。金属の種類にかかわらず同じように水素が発生するのかを調べてみましょう。」

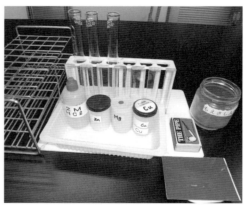

写真１　準備

> 【準備】試験管立て２台、試験管３本、亜鉛・マグネシウム・銅の小片（亜鉛、銅は５mm角程度、マグネシウムリボンは８mm）入りフィルムケース、２mol/L塩酸（点眼瓶入り）、マッチ、マッチストライカー、燃え差し入れ（**写真１**）

① 塩酸を入れる試験管の底から３cmのところを親指と人差し指ではさんで持つ。中指、薬指は試験管に添えるようにしてはさんで持つ。

② 塩酸の入った点眼瓶のキャップを外して逆さにして試験管に乗せ、点眼瓶の腹をゆっくり押す。試験管を持った手の薬指・中指の順に塩酸が入ってくる様子を冷感により感じ取り、液が入ってきたことを人差し指が感じたら、ボトルを押すのをやめる（最初のうちは難しいが、だんだんと取りたい量を取れるようになってくる）（**写真２**）。同様に、残りの２本の試験管

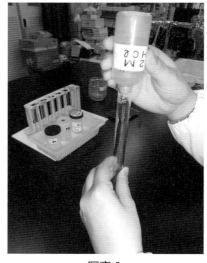

写真２

筑波大学附属視覚特別支援学校
中・高等部理科教諭
浜田　志津子

④化学：電池の仕組みを考えよう（その２）

にも塩酸を入れ、試験管立てに仮置きする。

③ ②の試験管１本を別の試験管立てに立て、金属片１つを入れて様子を観る。気体が発生した場合は、左手（利き手でない手）の親指で試験管の口を塞ぐ。

④ 気体の発生が終わったら、指で塞いだまま試験管立てに立てる。マッチストライカーを使って、右手だけでマッチに火をつけ、マッチを持った手を試験管立ての右端に乗せ、試験管の方に倒し、試験管の口に近づけると同時に口を塞いでいた左手の親指を外す。水素なら、ポンッ！とかピュッ！と音をたてて燃える。慣れていない生徒や怖がる生徒には無理をさせず、教員が手を添えたり、声かけをしたりして、徐々にできるようになることを目指す。

【参考】③④の操作の前に次のような練習を行っておく。右手に火をつけていないマッチを持ち、その手を試験管立ての右端に乗せ、試験管立てに立てた試験管に向けて倒したときに、マッチの先が試験管の口にちょうど届くには、試験管を試験管立てのどの穴に立てるのが適切かを調べ、試験管を立てる穴を選んでおく。（写真３）

写真３

T「どんな様子ですか。」

S「亜鉛を塩酸に入れたときは、耳を近づけて聞くと少しジュワジュワと気体が出る小さな音がするだけ。しばらく指で押さえてたけど、待っても中から親指を押す感じがないし、指が疲れたからマッチの火を近づけたけど水素だと確認できなかった。今もまだ、ジュワジュワと気体が出ている。マグネシウムは、勢いよく気体が出て、すぐに終わってしまった。マッチの火を近づけたら、ポンッ！と大きな音がしたから水素だと分かったよ。銅は全く反応していない。かすかな音もしていない。」

T「亜鉛を入れた試験管をお湯につけて少し温めてみましょう。お湯を入れたビーカーをビーカー立てに立てて配ります。試験管を１・２分お湯につけて、音を聞いてみて下さい。」（写真４）

S「さっきより音が大きくなった。泡がいっぱい出てると思う。」

T「気体の発生が激しくなったら、お湯から取り出し、親指で押さえて下さい。気体がいっぱいになって押

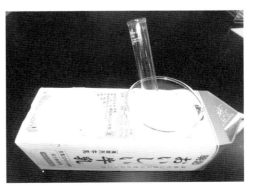

写真４

第3章　教科・領域の指導

さえているのが難しくなったら、塞いだまま試験管立てに立ててマッチの火を近づけてみて下さい。」

S「水素だと確認できました。銅を入れた試験管もお湯につけてもよい？」

T「どうぞ、温めてみて下さい。」

S「銅は温めてもやっぱり何の変化もなかったよ。」

T「塩酸と反応して水素ができたのは、マグネシウムと亜鉛でしたね。塩酸中では塩化水素は電離して水素イオンになっていましたね。その水素イオンがどのようにして水素H_2になるのでしょう。」

S「前に、塩酸を電気分解したときに陰極で水素ができたときと同じだと思う。あのときは、水素イオンH^+が陰極で電子を受け取って水素原子Hになって、それが2個結びついて水素分子H_2になったと考えた。今の場合は、マグネシウムを入れたときに水素ができたことから考えると、塩酸中の水素イオンが電子を受け取って水素原子Hになって、その水素原子Hが2個結びついて水素H_2になったと思う。水素イオンが受け取った電子はマグネシウムが出したんだ。マグネシウムMgはマグネシウムイオンMg^{2+}になって塩酸中にとけていったと思う。金属といっても、電子を出しやすいものと出しにくいものがあると思う。この3種の金属の中で、一番電子を出しやすいのはマグネシウム、その次が亜鉛、銅は電子をなかなか出さないと思います。」

T「そうですね。この実験で、一口に金属といっても、電子の出しやすさに違いがあることが分かりましたね。」

❸ 金属板2枚で電子の動き（電流）が生じるかを調べよう

T「前回、亜鉛と炭素棒の間にクッキングペーパーをはさんでブザーにつないで、クッキングペーパーに塩化アンモニウム水溶液をたらしたらブザーが鳴りましたね。つまり電池ができたということでしたね。このときの、電子の動きはどうなっていましたか。」

S「電子の動きは、電池の負極から出て回路を通って正極に入る向きでした。乾電池の正極は炭素棒で、負極は亜鉛でした。この前は、亜鉛板を電池の負極としてブザーにつなぎました。そうか、亜鉛板が電子を出していたんだ。きっと電子を出しやすいものが電池の負極になるんだ。」

T「２で調べた3種類の金属、亜鉛、マグネシウム、銅の2種類ずつを使って、生じる電圧（回路に電流を流そうとするはたらきの大きさ）を調べてみましょ

36

④化学：電池の仕組みを考えよう（その２）

う。どんな組み合わせがありますか。」
S「亜鉛と銅、亜鉛とマグネシウム、銅とマグネシウムの３つです。」
T「そうですね。では、その組み合わせで、調べてみましょう。」

【準備】亜鉛板90mm×22mm２枚、銅板80mm×22mm２枚、マグネシウムリボン80mm２本、クッキングペーパー70mm×30mm３枚、洗濯ばさみ３個、フィルムケース３個、フィルムケース立て３個、飽和食塩水（点眼瓶入り）、音声付電圧計、ミノムシクリップ・バナナプラグ付き導線２本、亜鉛板と銅板は**図1**のように折り曲げ、マグネシウムリボンは20mmで折り曲げてある。

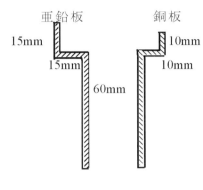

図1

① ２種類の金属板は折り曲げてある方を上にして、金属板同士が接触しないように間にクッキングペーパーをはさみ、折り曲がっている近くを洗濯ばさみではさむ。

② ①で３つの組み合わせで作ったものをフィルムケースに立て、さらにフィルムケース立てに立てる（**写真5**）。

③ 導線で金属板を電圧計につなぎ、金属板の間のクッキングペーパーに食塩水をたらして、電圧を読み取り、記録する。

T「③のとき、どちらが負極になるかを考えて電圧計につないで下さい。」

S「負極になるのは亜鉛と銅では亜鉛、亜鉛とマグネシウムではマグネシウム、銅とマグネシウムではマグネシウムです。２の実験で水素を出しやすいものが電子を出しやすい金属だと思うからです。」

T「そうですね。**表1**が中３のみなさん12人の実験の結果を集めたものです。予想通りの結果になりましたね。全員、表の左側の金属を負極につないでいたので、音声付電圧計が『マイナス○○』と読み上げることはありませんでしたね。すばらしいですね。」

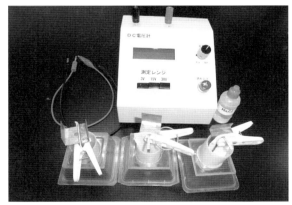

写真5

表1　中３生徒の実験結果（単位：V）
Zn：亜鉛　Cu：銅　Mg：マグネシウム

	Zn－Cu	Mg－Zn	Mg－Cu
1	0.76	0.62	1.32
2	0.68	0.67	1.26
3	0.84	0.61	1.33
4	0.62	0.62	1.18
5	0.67	0.63	1.30
6	0.73	0.67	1.38
7	0.68	0.58	1.35
8	0.73	0.60	1.35
9	0.72	0.68	1.32
10	0.72	0.65	1.34
11	0.70	0.64	1.30
12	0.71	0.67	1.32

第3章　教科・領域の指導

❹ 化学電池を作ろう

(1) ボルタ電池

ボルタ電池とは、銅板と亜鉛板が接触しないようにして硫酸に浸し、銅板と亜鉛板を導線でつないだ電池です。

> 【準備】3の亜鉛板、銅板、クッキングペーパー、洗濯ばさみ、フィルムケース、フィルムケース立て、1 mol/L硫酸（点眼瓶入り）、3％過酸化水素水（点眼瓶入り）、導線、音声付電圧計、電子ブザー、2Lペットボトルを上下に切ったものの下半分

① 亜鉛板、銅板を図1のように折り曲げる（本校では点字印刷に使用した亜鉛板を用いているため、点字がついている方が亜鉛板であるとすぐに分かるが、曲げる深さを変えておくと、点字がついていない部分でも、浅い方が銅板というようにすぐ分かる）。

② 亜鉛板と銅板が接触しないように間にクッキングペーパーをはさみ、折れ曲がっている近くを洗濯ばさみではさんだものをフィルムケースに立て、さらにフィルムケース立てに立てる。

③ 亜鉛板と銅板を電圧計につなぎ、クッキングペーパーに硫酸を2、3滴たらす。

④ 電圧を読み、亜鉛板と銅板のどちらが正極か負極か調べ、電圧計をはずして、電子ブザーにつなぐ（電子ブザーは極性があるので逆向きにつなぐと鳴らない）。3の実験を終えた生徒は、③④の操作は不要です。

写真6

⑤ ブザーの音が小さくなったら、クッキングペーパーに過酸化水素水を2、3滴たらすと、また、ブザーの音が大きくなる。

⑥ ペットボトルを切ったものに水を半分ほど入れておく。実験終了後、導線をはずして洗濯ばさみを持ち、ペットボトルの上で洗濯ばさみを開いて硫酸のついたクッキングペーパーをはさんだ金属板を水中に落とす（**写真6**）。金属板を水洗いをして取り出す。片付けも簡単に終了する。

(2) ダニエル電池

ダニエル電池は、ボルタ電池のように分極で電圧低下が起こらないように改良された電池です。硫酸亜鉛水溶液と硫酸銅水溶液を半透膜で仕切り、亜鉛板

④化学：電池の仕組みを考えよう（その２）

と銅板をそれぞれに浸し、導線でつないだものです。

【準備】 ３と同じ亜鉛板、銅板、クッキングペーパー２枚、セルロースチューブ幅32mm
×80mm、洗濯ばさみ、フィルムケース、フィルムケース立て、１mol/L硫酸銅水溶
液（点眼瓶入り）、0.1mol/L硫酸亜鉛水溶液（点眼瓶入り）、導線、電子ブザー、
２Ｌペットボトルを上下に切った下半分

---

① ボルタ電池と同じように曲げた亜鉛板と銅板を**図２**のよ
　うに、亜鉛板、クッキングペーパー、セルロースチュー
　ブ、クッキングペーパー、銅板の順に重ね、ボルタ電池
　同様に曲げた近くを洗濯ばさみではさむ。図２のように、
　セルロースチューブを高くしておく。乾いているセルロー
　スチューブは少し硬く扱いやすい。

② ①で作ったものをフィルムケースに立て、さらにフィル
　ムケース立てに立てる。

③ 銅板を電池の正極とし、亜鉛板を負極としてブザーにつ
　なぐ。

④ 銅板側のクッキングペーパーに硫酸銅水溶液を２、３滴たらす。亜鉛板側
　のクッキングペーパーに硫酸亜鉛水溶液を２、３滴たらす。

⑤ ブザーの音が小さくなるまでの時間をボルタ電池と比べる。

⑥ ブザーの音は、なかなか小さくならないので適当なところで実験終了とす
　る。

⑦ ペットボトルを切ったものに水を半分ほど入れておく。実験終了後、導線
　をはずして洗濯ばさみを持ち、ペットボトルの上で洗濯ばさみを開いて金
　属板を水中に落とす。金属板を水洗いをして取り出す。片付けも簡単に終
　了する。

❺ まとめ

　この実験では硫酸も使いますが、濃度が小さい上に、使う量も0.5mL程度で
すから安全です。そのため、生徒が安心して自分で実験ができます。今回の実
験では、生徒自身が考えながら自分で実験することで、楽しみながら電子の流
れを作り出す仕組みを理解することができていました。片付けも含め、実験の
始まりから終わりまでしっかりと自分でできたことにも満足すると思います。

第3章 教科・領域の指導

⑤自立活動：交通機関の利用における歩行指導(3)
——バスの構造理解と安全な乗降——

筑波大学附属視覚特別支援学校
中・高等部自立活動教諭

山口 崇

❶ はじめに

児童生徒にとって、登下校で利用するスクールバスや近隣の路線バスは身近な交通機関であるかもしれません。単独通学で路線バスを用いる必要があれば、バスの利用に関わる指導を他の交通機関に優先して行うことになります。また、居住地域における交通機関の利便性を考慮した際にも同様です。

バスの利用に関わる基礎的な歩行技術には、防御、段差確認、階段昇降、溝を跨ぐ方法、壁を伝う方法などがあり、場面に応じて白杖を適切に用いて安全を確保する必要があります。溝を跨ぐ方法は、乗降時に歩道と扉（以下、ドア）の間に溝があり、車道に足を下ろさずに移動する場合に用います。壁を伝う方法は、乗車時にバスの車体に触れた後、ドア位置を発見する場合に用います。これらは、実際のバスの指導に入る前に、基礎的な歩行技術として学習しておくとよいでしょう。

❷ バスの構造・運行に関する理解

バスの構造に関するイメージは、普段利用するスクールバスと比較しながら発展させることができるかもしれません。例えば、筑波大学附属視覚特別支援学校（以下、本校）の場合、大型スクールバスは通路の両側に二人掛けの座席があり、通路の奥行きからバスの長さ・大きさをおおよそ感じ取ることができます。しかし、運賃の支払いを伴う路線バスは、ドア数、内部の構造、乗降口などがスクールバスとは異なります。そこで、**写真1**のような模型などを活用して、バスの全体像や内部の構造を手で確かめながら確認します。事前に乗車口と降車口の位置関係、座席の並び方などを触って把握できれば、予測をしながら車内を移動することができます。また、バスに乗車した後に模型を活用することで、乗車経験と知識を結びつけ、内部の構造を再確認することができます。**写真2**で紹介する模型（本校小学部 山田教諭製作）は、車体の天井面や側面などを取り外して、バス内部を触りやすいように工夫されています。

他にも、バス運行会社と事前に調整をして、車庫で停車しているバスに乗車させてもらい、バスの内部や外部をゆっくり触りながら確認できるように、校外学習の一環として取り組むことができます。

⑤自立活動：交通機関の利用における歩行指導(3)

写真1　市販品（手前）と手作り模型（奥）

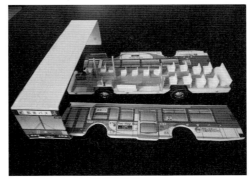

写真2　手作り模型のバス内部構造

(1) バスの基本構造

バスの利用における指導では、ドアの位置や内部の構造を確認し、ドアを一つの基準として空間内の把握をしてから、実践での指導につなげていくことが望ましいです。

例えば、車・バス等は左側通行のため、車体の左側にドアがあることを模型などで確認します。また、一般的な路線バスはドアが2カ所ありますが、後ドアは実際には中央寄りにあります。本校の地域では、都営バスが唯一の路線バスです。都営バスには後ドアより後方に段差が

写真3　バス内の段差

あり、その段差によって前方と後方の2つの空間を意識させることができます（**写真3**）。

都営バスでは前ドアから乗車します。前ドアは前輪よりもフロント側にあることを模型などで確認しておきます。そうすることで、乗車時にドアの位置がやや不明確で前輪に白杖が接した場合に、ドアのある方向を判断する手がかりになります。都営バスは、現在、全てノンステップ型ですが、バス運行会社によっては、ツーステップ型があり、階段昇降の要領で段差を白杖で確認して乗降することが求められます。

運賃入れやICカード読み取り機の場所は、前ドアの正面にあり、位置関係を確認しておきます。また、座席の位置や向きは、バス運行会社によって異なるため、通学などで利用する際には、その配置を丁寧に説明しておくことが必要です。

降車ボタンは、基本的に手すりや壁、窓枠に設置されています。座席に腰掛けたときの壁や窓枠、つかまっている手すりなどから降車ボタンを触って探せるように指導します。また、後ドア側への移動は、天井面の長軸方向にある手

すりを利用することができますが、背が高くないと届きません。そこで、手すりの確保や移動においては、援助依頼を有効に活用することが大切です。

(2) 運賃払いと乗降口

運賃前払いの時は前ドア、後払いの時は後ドアからの乗車が基本になります。後払いの時は、原則、整理券を乗車時に取り、降車時に運賃入れにお金と一緒に入れます。小銭の処理や整理券の管理を省く点において、ＩＣカードは便利であり、有効に活用するとよいです。

支払い方法と乗降口の関係は基本的に一定ですが、バス運行会社によってどちらを採用しているか異なるため、児童生徒には複数の形式があることを指導します。

(3) 複数系統

バス停留所は１カ所でも、複数系統の路線を兼ねる場合があります。間違えて乗車した場合、元の場所に戻ることはとても難しいです。そこで、乗車すべきか不安な場合には、同じバス停留所で待っている人にたずねる、あるいはバスの乗車口に近づき、声を出して運転手に確認する方法をとれるようにします。到着時刻で判断することは可能ですが、路線バスは道路状況によって時間が大きく左右されやすいことを児童生徒にはあらかじめ理解させるようにします。

❸ 実践での指導

実践での指導では、バス乗車位置の定位、バスへの乗車と車内での移動、運賃の支払い、降車ボタンの確認、バスからの降車、援助依頼などが含まれます。

はじめに手引き歩行で一緒に乗車し、それから単独につなげていく段階的な指導を取り入れるとよいでしょう。

バスの乗車位置を把握するためには、バス停、視覚障害者誘導用ブロック（以下、点字ブロック）、ベンチ、ガードレールの切れ目などの手がかり（ランドマーク）が有効に活用できるか確認して指導を行います。

バスの乗車にあたっては、バスの接近音、停車してドアの開く音を聞いて、ドア位置を定位することが求められます。乗車の手続きでは、ドアが開いた後、白杖で前方を確認しながら乗車口に近づき、白杖が車体に触れた後、バスの床面を白杖で確認してその場所に足をのせるようにします。段差のある歩道からバスに乗り込む場合に、バスとの間に距離があれば、一度車道に足を下ろして

⑤自立活動：交通機関の利用における歩行指導(3)

から乗ることになります。歩道にバスが近接していれば、溝を跨ぐ白杖操作方法を活用して乗車します。もし、ドアが正面でなく車体に接した場合には、白杖で足元の安全を図りながら、屋内の壁を伝う要領でドアの位置を発見します。また、必要に応じてドア内側側面の手すりを利用して乗車します。

　乗車後（運賃前払いの想定）は、正面の運賃入れあるいはICカード読み取り機で支払いを済ませから、白杖は左右に振らず防御姿勢で進み、手すりを発見します。背が高ければ、天井面の長軸方向の手すりで中央側へ進みます。必要に応じて、援助依頼で手すりやつり革、あるいは降車ボタンの場所を他の乗客から教えてもらうようにします。乗車中は、降車ドアの位置をドアの開閉音を手がかりに把握しておきます。また、降車する停留所名だけでなく、その前後の停留所名やおおよその乗車時間を事前に把握しておくことは、安心感を与えます。降車に際しては、バスが停車してから移動し、白杖で足元、段差などを確認してすみやかに歩道側あるいは壁側に移動します。路駐の車などがあると、所定の道路脇にバスが停車できない可能性があるので注意を要します。降車後の周囲の環境や手がかり（ランドマーク）も事前に確認しておき、バスの停車位置がずれても、慌てずに対応できるように指導しておくことが求められます。なお、歩車道の区別のない場所で降車する場合は、道路が狭いことが予想され、バスが移動し終わってから歩き出すように指導します。

　単独通学で路線バスを利用する際には、時間帯によって混雑の状況が異なるため、実際の通学時間で安全を確認しながら指導を行う必要があります。指導者は、路線バスの利用についてバス運行会社に連絡し、通学時間帯においてバスの運転手に安全面への配慮を働きかけるようにお願いすることも大切です。

❹ バス停留所

　『道路の移動等円滑化整備ガイドライン（増補改訂版）』（国土技術研究センター、2011年）では、「乗合自動車停留所においては、視覚障害者が乗降位置を認識できるよう、必要であると認められる箇所に視覚障害者誘導用ブロックを設置するものとする」とあります。歩道上に点字ブロックがあっても乗車位置への分岐がなければ、その発見は困難になります。また、**写真4**のように歩道上に点字ブロックがない場合、歩道を横切るように乗車位置から点

写真4　バス乗車口と点字ブロック

第3章　教科・領域の指導

写真5　バス停留所での接近表示

字ブロックが1列敷設されるだけで、その発見は比較的容易になります。ただし、この場合、降車後に点字ブロックに沿って歩いた結果、建物の壁などに衝突しないように、点字ブロックは壁側いっぱいまで敷設しないように同書では例示されています。

また、「乗合自動車停留所においては、行き先やバスの接近状況等の運行情報を音声及び文字により案内するとともに、弱視者に配慮した表示とすることが望ましい」とあります。バス運行会社によっては、停留所においてバス接近情報をデジタル表示したり音声案内したりするシステムがあり、待ち時間において乗車への準備を整えることができます（**写真5**）。また、バス接近案内システムには、スマートフォンからホームページにアクセスして、リアルタイムでバスの接近情報を得ることができる場合があります。

指導者は、通学路の安全確保や福祉の街づくりの観点から、学校周辺や利用する交通機関のある場所を点検し、環境整備において行政や運行会社に助言できる知識を持つことは望ましいといえます。

❺　おわりに

バスの安全な利用は、バスの構造や運行形式の理解、乗車位置の定位と適切な白杖操作による乗降、そして乗降場所（バス停留所付近）の環境把握などが関係します。また、それらに加えて、バス系統の確認、乗車後の座席、手すり、降車ボタンの位置確認、停留所と降車位置のずれなどにおいては、援助依頼によって問題解決を図ることができます。バスの利用における様々な状況を想定し、援助依頼を行って正しい判断と対応ができるように指導しておくことは大切な観点となります。

【参考文献】
青木隆一監修、全国盲学校長会編著（2016）『見えない・見えにくい子供のための歩行指導Q＆A』ジアース教育新社.
（財）国土技術研究センター（2011）『増補改訂版　道路の移動等円滑化整備ガイドライン』大成出版社.

コラム

コラム 視覚を使わずに世界を感じてみる

　先日、国立民族学博物館の広瀬浩二郎先生を講師とした「もんてん瞽女プロジェクト2017　見えない世界を見る」に参加しました。その中で、映画『はなれ瞽女おりん』のもとになった瞽女さんの話（録音された音声）を聴くことと、映画を見ることで感じ方がどのように違うかを比較する体験をしました。その後、広瀬先生が「音声で聞くと自分がその状況の中にいるように感じ、映画で見るとその場面を外から眺めているように感じませんか？」と解説されました。さらに、最近読んだ、広瀬先生の著書には、「視覚は瞬時に大量の情報を入手できるが、触覚や聴覚を用いて情報を入手する場合には、少ない材料からじっくりと考え、新しい世界を創り出す楽しさがある」と書かれてもいました。これらから、私はハッとして、普段の教材研究のことを思い返しました。

　視覚障害のない私は、視覚障害のある生徒に対して授業を行うにあたり、触図や触れる教材を準備したり、話すスピードを工夫したりしてきました。もちろん、自分でも目を閉じて触ってみたり、視覚障害のある同僚の先生や生徒の意見を聞いたりして、教材の精選や指導内容を考えてきました。しかし、私がすでに見て理解している物や概念を、視覚を使わずに手で触ったり耳で聞いたりして認識することと、視覚障害のある生徒が新しく出会う物の構造や概念を理解するために、触ったり聞いたりしながら認識することは何か違うような気がすると漠然と感じていました。

　それが、先述の体験を通して、これまでは、自分が様々なことを学ぶために用いてきた視覚を中心とした手段を、触覚や聴覚で捉えられるように置き替えて提示し、その方法で生徒を外から導いていたのではないか、視覚を使わずに理解を深めるという世界に入り込み、生徒が情報を理解し思考を深めていく過程を一緒にたどっていなかったのではないかと感じました。視覚障害のない私たちでも、録音図書を聞いてみる、アイマスクをして彫刻作品をじっくり触ってみるなど、興味をもっていれば、視覚を使わずに情報を捉える世界に入り込んでみるきっかけはいろいろあります。ぜひ機会を見つけて視覚を使わずに世界を捉えるという体験を重ね、その世界を楽しみながら、教材研究につなげていきたいなと思います。

【参考文献】
広瀬浩二郎（2017）『目に見えない世界を歩く－「全盲」のフィールドワーク』平凡社.

（筑波大学附属視覚特別支援学校中・高等部数学科教諭　清和　嘉子）

第3章 教科・領域の指導

前号までは、能の授業の内容や準備したテキスト、教材等について紹介してきました。最終回の今回は、実際に能の舞台を観賞する際のポイントを紹介します。

❶ 観賞する前に

⑴ 観賞する演目を選ぶ

演目には、演じ手の動きが多いものや静かなもの、笛・小鼓・大鼓の他に太鼓が入り華やかなお囃子となるもの、上演時間が長いもの、短いもの等、様々なパターンがあり、観賞する生徒さんたちの日頃の授業への取り組み方や興味の方向性が演目選びの参考になるかと思います。

また、能の作品は、「古事記」「日本書紀」「風土記」「万葉集」「古今和歌集」「和漢朗詠集」「伊勢物語」「源氏物語」「今昔物語」「平家物語」「源平盛衰記」「太平記」「義経記」等を題材にしていることが多く、日本史や国語の授業と関連させることもできます。

実際、高等部での授業を行った際、能ではオーソドックスな演目の一つである『羽衣』の他に『敦盛』『経正』『紅葉狩』をとりあげました。これは教科書で習った、または大学受験対策の模擬試験で出題された等の理由で採用となりました。小学部では、「聞いていて興味を持ってくれそうな、賑やかな曲を」とのご希望から『船弁慶』を採用しています。授業と関連させたほうが、生徒さんたちの気付きも増えますし、現場で授業をする先生方の事前準備の負担も軽減できるものと思われます。

⑵ 会場の確認

公演を選ぶ際、どこで上演されるのかもポイントとなります。

近年作られた会場であればバリアフリーの配慮が盛り込まれ、様々な工夫がされていて、東京近郊の能楽堂では、国立能楽堂や横浜能楽堂等が比較的新しく、各所にはスロープがあり足元周りもよく、見所（客席）へも車椅子でスムーズに出入りすることができます。

反対に歴史のある、古い能楽堂等ですと、趣深く雰囲気はとてもよいのですが、廊下や座席と座席の間が狭い、お手洗いが階段を下りたところにある等、足元周りに注意が必要になることもあります。

私の本拠地である能楽堂も、玄関先から能楽堂の入口までの動線を歩きやすいように舗装し、見所の椅子を今までより大きなものに改修しましたが、建物

---

③国語‥古典芸能『能』に触れる授業の提案⑷

公益社団法人 観世九皐会
シテ方観世流能楽師
一乃会

鈴木 啓吾
鈴木 秀子

⑥国語：古典芸能『能』に触れる授業の提案(4)

自体が登録有形文化財となっているため、大掛かりな修繕に制限があります。そのため、構造上、視覚に障害のある方への配慮はまだまだ足りていないのが現状です。実際に他の公演が開催されている時に会場を下見する、サポートについて問い合わせること等をお勧めします。

❷ 実際に観賞する

(1) 一般的な公演を観る

① 公演内容

私がシテ（主役）を務めることから、平成28年国立能楽堂での緑泉会別会に、高等部で2回、能の授業に参加した生徒さんに一般の方と同じ条件で一緒に観賞してもらいました。

この公演は緑泉会という同門能楽師が集まった団体が主催するもので、構成も能2番と狂言1番から成る、一般的な能の公演です。ただ、別会（特別公演）と位置付けられただけあり、上演された演目は

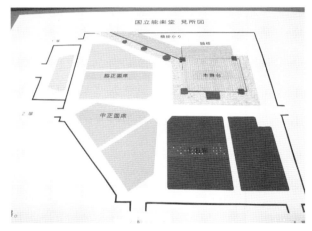

国立能楽堂見所の触図（一乃会制作）

『鸚鵡小町』と『安宅』と重い曲（修得に特別の伝授を必要とする、難しい曲）で、全体の上演時間も長いものでした。

生徒さんは能や狂言に詳しい御祖母様と一緒にいらしたのですが、初めて観賞する場合、お手洗いや給水休憩等のタイミングがうまく掴めず、上演中辛い状態になることもないとはいえず、公演の流れをご存じの方にガイドについていただいたことは心強いものでした。

② 準備したこと

今回は動きも少なく、謡や台詞、内容も難易度の高い『鸚鵡小町』は無理せず見送り、弁慶が勧進帳を読み上げる場面で有名な『安宅』と台詞劇の狂言に絞りました。

狂言『文荷』と能『安宅』の全文や解説文の点訳を一乃会スタッフが準備し、事前に読んできてもらいました。

また、座席は足元も広い、中正面の最前列席を用意しました。

能舞台は、その構造が特徴的で、客席にせり出した正方形の「本舞台」と廊下のような長い「橋掛り」とが一体となっているため、演じ手は前だけで

第3章　教科・領域の指導

なく横からも観客から観られるという、世界でも珍しい造りをしています。

正面と脇、中と3つあるエリアのうち、中正面は舞台を斜めから観るため、立体的に台詞や謡を耳で拾うことができます。さらに、目付柱で視界が遮られるのを好まない方が多いため、中正面席の席はお値打ち価格で手に入れることができ、学生の方々にはお勧めのエリアです。

さらに見所の触図を制作する等の工夫もしました。演劇舞台として珍しい構造の能舞台は、たとえ触図があっても、すぐには空間のイメージは湧きにくいかと思われます。そのため、触図の利用は時間に余裕があり、自分がどの辺りの席に座っていて、舞台上の演じ手の声がどの方向からくるのかを事前に確認する程度の利用で十分だと思います。

③　注意する点

狂言は面白いと思ったら声に出して笑ってもよいのですが、能は能動的に想像の翼を広げて見る演劇のため、その妨げとなり得る「音」を出すことはご法度です。そのため、プレクストーク等のポータブルレコーダーの使用やガイドによる状況説明は、舞台の合間、小声であったとしてもご遠慮いただいています。また、居場所を知らせるためにつける鈴も、見所内ではお取りいただくようお願いしました。

さらに、能では演じ手の台詞も謡も重なることはありませんが、狂言の場合、二人の演じ手が同時に台詞を話すことがあり、狂言の台詞に耳慣れしていない一般の方も苦労する点です。事前に触図等を利用し、どの方向から声がするのかを確認しておくのもよいでしょう。

④　感想文

観賞をした生徒さんの感想を、原文より抜粋してご紹介します。

> 「『文荷』はとても滑稽なお話で、思わず何度も笑ってしまいました。太郎冠者と次郎冠者の動きも読み取ることが出来、より面白さが伝わりました。『安宅』は富樫と弁慶との対決が印象的で、鼓や笛との調和の面白さが伝わりました。初めて聞く言葉が多く分かりにくい部分もありましたが、会場の雰囲気を十分に味わうことが出来、貴重な体験となりました。」（高等部普通科　K・K）

(2)　バリアフリーを目指した公演を観る

①　公演内容

より多くの方へ能・狂言を届けることを目的とし、平成12年より開始された横浜能楽堂主催の普及公演「バリアフリー能」は平成30年3月21日の開催で17回目を迎えます。本公演は、視覚、聴覚、知的等に障害をお持ちの方に向けた観賞のためのサポートが充実しています。

⑥国語：古典芸能『能』に触れる授業の提案(4)

　視覚障害について特筆すると、有料チケット1枚につき介助者1名無料、点字パンフレット・点字入りチケットの製作、副音声の用意に加え、実際に本舞台に上がって能舞台を感じていただく視覚障害者向け施設見学会も料金無料、先着順、要予約にて開催されています。

　公演当日、出演者と演目のあらすじについての点字パンフレットは希望者に、能の謡や台詞については墨字パンフレットとして全来場者に配布されます。また、触ることのできる能面の展示や能舞台の触図も用意されています。

② 注意する点

　施設見学会への参加には事前の申し出が必要です。また、全席指定のため、出入りのしやすい人気の席は早くに売り切れる場合がありますので、希望席があれば早目の申込みをお勧めします。

　また、館内に入るとあちらこちらに様々なサポートが準備されています。視覚以外のサポートブースもあるため、入館後スタッフに希望のサポートのある場所を聞いて、確認したほうがよいでしょう。

(3) 学校で観賞する

① 公演内容

　文化庁では、「文化芸術による子どもの育成事業」と称し、小学校・中学校において一流の文化芸術団体による実演芸術の巡回公演を行っています。これは、小学校や中学校へ芸術家を派遣し、子どもたちに質の高い文化芸術を鑑賞・体験する機会を確保しつつ、さらに子どもたちの創造力や思考力、コミュニケーション能力を養い、将来

平成29年バリアフリー能公演のチラシ（チラシの内容データをメールで受け取ることもできます）

平成29年バリアフリー能公演で事前解説をする鈴木啓吾（左・能楽師）と小西徹（右・手話通訳）／神田佳明（撮影）

第3章　教科・領域の指導

の芸術家や観客層を育成し、優れた文化芸術の創造にもつなげる事業となっています。

　私が所属する公益社団法人　観世九皐会（かんぜきゅうこうかい）をはじめ、同門の能楽師が主宰する公益財団法人　鎌倉能舞台、皐風会（こうふうかい）等もこの事業を通じて、全国の小学校・中学校にて巡回公演を行っております。

② 鎌倉能舞台が行った巡回公演

　観世九皐会に所属する中森貫太師が主宰する鎌倉能舞台では平成29年度にＡブロック（北海道、青森県、岩手県、宮城県、秋田県、札幌市、仙台市）の担当となり、8月21日には北海道札幌視覚支援学校で能と狂言の公演とワークショップを行いました。

　今回上演したのは、教科書にもとりあげられている狂言『柿山伏（かきやまぶし）』と能『小鍛冶（こかじ）』です。能や狂言、それぞれの曲の解説と上演、体験ワークショップに質疑応答まで含め、全体で100分でした。公演前に出演者とスタッフ全員で舞台設営を行い、その後、舞台装束に着替えて上演しました。

　今回参加した生徒さんは31名でした。ワークショップでは装束や能面、能の楽器等に触れたり、学校の先生より「説明は切らずに続けてください」とのアドバイスをいただいたため、事前に原稿を渡し、学校側で点訳いただいた字幕やテキストを基に中森師が公演中もマイクを握り、解説していきまし

北海道札幌視覚支援学校での公演の様子（鎌倉能舞台写真提供）

⑥国語：古典芸能『能』に触れる授業の提案⑷

た。「感想文も後で頂戴しましたが、絵を描いてくれた子もおり、映像としても見てくれたのだと思った。」と中森師は話していました。さらに本年度は、11月8日に青森県八戸市の県立八戸盲学校・八戸聾学校でも巡回公演を行っています。

公演費用の負担もなく、さらに自分が通う学校であれば移動の負担も少なく、必要あれば、能楽堂等では使用できないポータブルレコーダーを使いながら、能・狂言の舞台を観ることができる絶好の機会と言えましょう。

③　注意する点

この事業は、文化庁が主催する事業で、年度毎に募集があります。都道府県等の教育委員会から事業パンフレットが回覧されてくることもありますが、募集期間が短いため、募集時期が近づいたら文化庁のＨＰをまめにチェックする必要があります。また、必ず希望の芸術団体になるとは限らず、多数応募の場合、抽選となり、抽選に漏れてしまうこともあります。まずは、文化庁のＨＰ「文化芸術による子どもの育成事業」(http://www.kodomogeijutsu.go.jp/junkai/index.html) を熟読し、検討されてみてはいかがでしょうか。

❸ おわりに

学生時代に日本の伝統文化に触れることは、自身の源流を知り、「日本を体験する」ことです。国際化が加速し、英語をしゃべることはできても、日本のことはまったく知らない大人になってしまっては根無し草のような存在になってしまいます。

伝統文化に触れる機会は少ないように思われがちですが、2020年オリンピックイヤーに向け、機会はむしろ増えるように思われます。

日本人の「心」は昔も今も変わりません。古典を通して未来を創造する豊かな心を子どもたちに育んでいっていただけたらと切に願っております。私どもも微力ながら、この活動を続けて参りたく存じます。

本稿を執筆するにあたり、機会をくださったブックレット編集委員会の皆様、諸事ご協力いただいた皆様には心より感謝申し上げます。

第3章 教科・領域の指導

⑦体育：：視覚障害者柔道事始め（その1）
― 鷲野武の手記を通して ―

日本視覚障害者柔道連盟
副会長

伊藤 友治

本稿中の引用文につきましては、本来旧漢字をそのまま記すべきところですが、活字がない場合もありましたので、かなりの部分を現代の漢字表記にしました。また、明らかに誤記と思われる部分も何カ所かありましたが、そのまま記しました。御容赦ください。

❶ はじめに

柔道が「視覚障害者にとって非常に適したスポーツである」ことについては、ブックレットVol.24において述べました。その基本的な考えは、リハビリテーションとしての有用性が非常に高いという点にあります。このような考え方は、フランスやイギリスを中心にヨーロッパで精力的に研究され、日本へ伝わってきたものとこれまでは思われていました。

しかし、戦前の我が国において、当時東京盲学校師範部（現在の筑波大学理療科教員養成施設）3年生の鷲野武氏が講道館誌『柔道』に連載した「盲人流汗―失明者の柔道修行記―」を見るに及び、その思いを異にしましたので、その概要をここに紹介し、我が国の「視覚障害者柔道」が、どのように始まっていったのかの一端について考察してみたいと思います。

鷲野氏の修行記は、講道館の田中勇氏によって寄稿されています。田中氏は昭和18（1943）年の初夏に東京盲学校柔道部を訪問し、大きな驚きと感動を受けます。そして、その感動を基に同年の7月に、講道館誌『柔道』に「盲人と柔道―盲目有段者3名を出し更に抜群鷲野君を生んだ東京盲学校柔道部員と語る―」と題した一文を寄稿しています。田中氏はこの中で「五十余名のこれらの生徒達が、一斉に明朗な微笑みを以て迎へる柔道の時間が、…」と記し、とかく暗いイメージを持たれがちな彼等が、明朗闊達で礼儀正しく迎えてくれたことを驚異と感嘆に満ちた文章で随所に綴っています。

講道館誌掲載までには、以上のような感動を覚えた田中氏の勧めにより、鷲野氏が「柔道修行記」を点字でまとめ、それを弱視の友だちが活字に直し、更に田中氏がそれを校正・加筆して講道館誌に寄稿するという手順を踏んでいます。この間のことを田中氏は「その修行の苦労を聴き、大いに感ずるところあったので、その感想を記してみることを慫慂した。一方筆者も八方手を尽くして盲人に就いての研究をなしつつ、漸次この稿を書いたわけである。鷲野君の感想は点字に打ち、それを彼の友人が翻訳したものを、出来上がるにつれて郵便で、或いは彼自身が友人に手をひかれて講道館に届けてくれたもので、それを基礎にして本文を纏め上げたものである。だからこの稿は鷲野君と筆者とその外に鷲野君の周囲の盲学生達との協力によって成ったものと言へよう」と述べ

ています。

　この手記は原稿用紙242枚に及んだようですが、未完で終わっています。昭和19年10月という時期が、そうさせたものと思われます。その後、戦争は益々激しくなり終戦となります。戦後しばらく昭和26年までGHQにより、学校柔道は禁止されていましたので、このような文章も自然と忘れ去られ「視覚障害者柔道」の研究も大きく遅れたのではないでしょうか。平成24（2012）年度から中学校の保健体育科において武道の必修化が図られました。しかし、「柔道が視覚障害者にとって極めて適したスポーツである」という観点から指導している学校は、まだまだ少ないように思われます。したがいまして、70年以上も前に生徒自らがその価値を知り、「視覚障害者柔道」に対する研究を進めていたことを垣間見ることは、今後の盲学校や視覚特別支援学校での取り組みにとって、大いに意義あることだと思われます。

❷　鷲野武と柔道との出会い

　鷲野氏は愛知県惟信中学の出身です。19歳の時に失明し、その後悶々とした生活を送り、24歳で東京盲学校師範部に入学します。そこで柔道に出会うのですが、その時の様子を「学校の門は、このぬかるみ（苦悶のこと）の辺縁に立てられてあったのである。更に思ひ設けぬ事には、その門の彼方に、盲人、といふより私自身をば叩き直し、練り鍛へ、人生観を確立させ、この盲人の生涯に鋼鉄製の副子にも比すべき強靭な支へとなるであらう柔道修行の空間が隠されてあったのだった」と述べています。

　鷲野氏は「盲人が本当の盲人になる近道」として「身体を動かす事に慣れて、眼が見えなくとも何でも出来るぞといふ気分に至らせることなのである」と述べ、失明の苦悶から脱するためには、肉体的運動によって、視覚の担っていた感覚を他の感覚器官に吸引転化させることであり、それには柔道が最も適した運動であると言っています。その理由として、「精神的苦痛をもつ者に、慰安的な言葉だけを以て接すると、異常に興奮してゐる状態を更に刺激する結果を招来するのが普通である」とし、中途失明者に言葉のみでいくらその苦痛を慰めようとしても、反って精神的混乱をきたし感傷的にしてしまい、逆効果ではないかと述べています。このことは私の経験からも大いに納得できることです。

　失明当時、「自分のこの苦しみは生きてゐる限り背負わねばならぬものと思ひ込み、狂ひ死にに生涯を終わるに違ひない」とまで考え、夜も殆ど眠れないため、60kg程あった体重が、48kg程度になってしまったと言います。そして、この苦しみに耐えきれず、ある夜庭に出て「狂気のやうに暴れ回り」倒れ込ん

第3章　教科・領域の指導

でしまいます。肌寒さにふと気がつくと、着物には夜露が降りていました。思わず立ち上がって、ふらふら歩き始めると、「これはどうした事だらう、谷底から急に平野へ出た時のやうにぐっと開けてゆく明るさを取戻したやうな何とも言へぬ爽快さと、思ひがけぬ軽い気持ちに」なっていたのです。こうした経験を経て、鷲野氏は努めて運動をするようになり、益々その効用を確信していくことになります。

　このような時、柔道と出会うのです。盲学校へ入ってから益々運動の大切さを痛感した彼は、1年生の5月に有志と柔道を始めるように運動します。初めは学校側も視覚障害者に柔道は無理ではないかと消極的でしたが、佐藤六段に週3回来てもらい、3～4人の有志が体育館にマットを敷いて、稽古をつけてもらうようになります。それからのことを「ここではじめて柔道らしい柔道をやる事が出来たのです。柔道をやってゐると盲目の苦しみを忘れてしまひます。はじめは三四人から五六人位しか居なかった柔道部員が、畳が二十枚来て大勢でやれるやうになり、佐藤先生がやめられて増田先生が代って教えて下さるやうになり、更に畳が三十枚になると自然に部員も増加して、三十名になりました。この三十名は自発的に柔道部へ入った者ですから一生懸命です。そして今年の四月から正科になって、五十五名の大勢が稽古するやうになりました」と飛躍的に柔道が盛んになっていった様子を述べています。ちなみに正科になった年は昭和18（1943）年で、柔道部を始めた昭和16（1941）年の5月から2年足らずの時期に当たります。また、最初に初段を取った山田氏は昭和16年10月と記されていますので、半年足らずで取ったことになります。現在、高校生の初心者が1年かかって初段を取るのが平均的です。当時の講道館初段が今よりもずっとレベルが高かったことを考慮すると、驚異的な進歩であったと言わざるを得ません。

　こうして柔道に出会った鷲野氏は「休暇となって帰省するや、迷惑は百も承知の上で両先生（名古屋市中武館道場の米田、中神の両氏）に指導の事を願ったのである。幸ひ両先生とも快諾されたのみでなく、大いに激励して下さった」と積極的に社会へ参加し、受け入れられていきます。あれだけ悶々としていた氏が、自ら道を切り開いて社会自立していったと言えるのではないでしょうか。

❸　東京盲学校柔道部設立

　先にも述べましたが、当初学校の中には否定的空気もあったようです。校長は視覚障害者が「柔道をやれるものか」と疑問を呈していたようですし、「一部の人達はこれに対して甚だ無理解な批判を以て冷笑し、時には妨害に類する

⑦体育：視覚障害者柔道事始め（その１）

行動さへしたのである。それが相憐れみ相援けねばならない筈の盲生の一部と、驚くべき事には盲人を指導する教育当事者即ち盲人の体力を錬磨せしめて、盲人に活動の源泉を与へるべき指導者の中に在った」ようです。

こうして幾多の困難はありましたが、「同志の士を糾合」し、「とにかく柔道部が聊かながら誕生」するのです。初め３〜４人で始めた柔道部が、やがて部員30名となり、正科にまで至った経緯については、先に述べたとおりです。創部当初の心境について氏は「この時の例へようもない心の張り、脈々と波打ってくる新らしい開拓へのよろこび、逞しくなれ、鍛へ上げよと建設の歌を謳歌しつつ我々は柔道の中へ没入して行った。柔道を覚えてから、沈鬱な気は一変して明朗となり、消極的な言語動作は積極へと転じ、多血的な憂悶は純化されて理性と並行し、激しい気持の移り変わりが次第に忍耐力に代わって、明日への希望が心待ちに待たれるやうな状態となったのである」と、その努力と喜びとを述べています。

練習に当たっては教師も生徒も苦労したようです。増田先生は「一番困るのは…模範を示して間接的に教へる事が出来ずに、一人々々手を取って教へねばならない事です。…大勢の時は手が回らずに閉口します。それから教はる方も焦れったいでせうが、教へる方も途方に暮れる事も時々ありますよ。また盲人の必要以上の警戒心からか、腰を引いて姿勢の悪いのが多くて、これを矯正するのが一苦労です。鷲野君などもはじめはひどい姿勢だったが、素直に言ふことをきいて、このごろは立派な姿勢になり技もよく利くやうになりました。盲人を指導するといふことは結局生徒の立場になって教へるといふのが一番大切なんぢやないかと思っています」と、指導の大変さと生徒の立場に立つことの大切さを語っています。

このような生徒と教師の熱意により、講道館での練習も行われるようになりました。この時の心境を氏は「容易に本山たる講道館に入門を許され、しかも有段者の栄誉を与へられたわが身を有難いと思はずにはゐられない」と喜んでいます。そして昭和17年10月には初段３名、19年の３月までに、初段合計５名を出すに至っています。

東京盲学校柔道部は、訓練の根本義として「学徒は学問に専念し、…勉学するをその職分とする。而して勉学とは文のみを学ぶものでなく、併せて武をも習得するを理想とする。武を裏付けてこそ真の文と言ふ事が出来るものと信ぜられる」とし、「文武両道」の大切さを強調しています。このことは時代の要請もあったでしょうが、部員達が心身を鍛えて、勉学に励もうとしていた証だとも言えるのではないでしょうか。

また、「共同作業による精神陶冶」の大切さも述べています。その理由とし

第3章　教科・領域の指導

て視覚障害者を教育する盲学校においてすら、共同作業の場において全盲生が除外され、弱視生が中心となって行うことが多かった。それを是正し、「盲人の自主的活動を促す為めに、柔道を修行せしめるのは非常に意義深い事であるが、その訓練に於ても盲人を主体として行はねば、その意義も浅薄なものとなるわけである」ために柔道部では練習の前に「於ける共同清掃をも、一つの訓練課目として全盲半盲の区別なく」平等に行うようにしていたとのことです。ここによく全盲生を大切にする『協働の精神』が芽生えていたことを示しています。

このような成果が認めれ「官立東京盲学校の師範部生徒は、…盲人を指導せねばならぬ名誉なる責務がある。その責務を完全に遂行するために、師範生は教育者として祖国愛、訓化力、実行力及びその他幾多の重要な修練を積み、資質を向上させ、人を教ふるに十分なものを身につけておく必要がある。その為に盲学校当局に於ては、師範生に前掲の徳育を向上させる為」に柔道を正科としたのでした。創部から2年足らずの間で、学校がこれだけ変わったことに対し、驚きの念を禁じ得ません。

④　視覚障害者にとっての有用性

視覚障害者にとっての柔道の有用性については、リハビリテーションとしての価値が高いという点にあることを先に述べました。そして、リハビリテーションの価値には、(1)身体的価値、(2)精神的価値、(3)社会的価値の3段階の価値があることについて、ブックレットVol.24において詳述しています。そこで、ここではその記述に従って、鷺野氏の手記を見てみたいと思います。

(1)　身体的価値

ブックレットVol.24では、身体的価値について次のように述べています。

「正しい受け身の仕方を学ぶことは、視覚障害児にとって真に実用的価値があります」。常に転ぶ練習をしているということは、それに対する防衛反応が高次化されることになり、そのことが活動することへの自信につながります。次に「平衡感覚を養うことによって均衡を保つことやそれを回復することを学びます」。練習の中で身についたこれらの能力は、物につまずいた時や思わぬ段差でバランスを崩した時等、大いに役立つものです。さらに「柔道では全身の筋肉が鍛えられ、健康な身体的リラクゼーションが得られ、自然な運動が出来るようになります」。このことは、ごく自然に動くことの楽しさを助長し「盲児の不自然な運動によってもたらされるブラインディズムと言われるような型にはまった動きを減らす」ことができ、「視覚刺激がないために受動的であったり、消極的であったりすることから解き放つ」ことに役立つものと思われます。

⑦体育：視覚障害者柔道事始め（その１）

このことを鷲野氏の手記によって見てみましょう。

鷲野氏は「盲人野球といふのがあるんですが、私はその野球でひどく転んだ時に前方回転できれいに受身をする事が出来て、少しも怪我しませんでしたが、こりゃ柔道のお蔭だと思ひました」と受け身の効用を述べています。また、増田師範も「盲人には勝負第一主義でなく、先ず受身を完全にやらせるのがいいと思ってゐます。盲人は普通の人達よりも躓いて転ぶことなどが多いのですが、その時などの被害を最少限度に止める事が出来ようかと思ってゐます。受身は盲学校の生徒ばかりでなく、すべての盲人に強制的にでもやらしたいですよ」と、受け身が第一であることを語っています。

また、初心者が必要以上の警戒心を以て、極端に腰を引き非常に姿勢が悪い点を改善するためにも「柔道は恐ろしい、投げられるといふ不必要に拡大された恐怖、そのやうな先験的な妄念は、受身を習ひ、受身さへ知ってゐれば、柔道は恐ろしいものではないといふ証拠を経験するまではつき纏ふのである。しかもこの観念は数多くの受身の繰返しに依らねばならず、その後にはじめて姿勢の問題も解決されるのである」と、受身の重要性を強調しています。

こうして恐怖心をなくしてから運動することにより「一般のスポーツは姿勢が悪くとも自分では気がつかないけれど、柔道では姿勢が悪いと技もかからないし上達もしない、またすぐ投げられるので、どうしても姿勢をよくしなければならなくなります」と、視覚障害者が自ら姿勢をチェックできることの素晴らしさと、それに伴う姿勢の改善について述べています。また「一番嬉しいのは身体がよくなった事です。柔道をやる前は十四貫だったが、今では十六貫五百あります。ほかの人から骨組みがよくなったなどと言はれると嬉しいです」と率直に、その喜びを語っています。

(2) 精神的価値

ブックレットVol.24では、精神的価値について次のように述べています。

柔道は競技者の精神的側面に大きな影響を及ぼします。「転倒に対する恐怖に打ち勝つ事が出来れば、環境に対する不安や迷いを少なくする事の助けとなります」。また、「勝ったり負けたりする事で、倒れたり起き上がったりする事で、視覚障害児は、損失を相対的にとらえる事を学び、自制心とか忍耐力を養います。そして徐々に損失や失望や幻滅に対して強くなっていくのです」。また、「人にたよらずに身体活動をする機会を保障されます。何も特別な援助はいりません。晴眼者と同様に柔道の練習をする事が出来、晴眼者に対する劣等感を持つ必要がないという事を学ぶ事が出来ます。この意識は、適当な自己認識や事実に対する正しい見方を形成する」のに役立ち、「受容的で受け身的な態度を取る事に代わって、…柔道場の外でも他の子供達との触れ合いを求めてより活発に自分から進んで活動する事を勇気付けてくれる」ことと思われます。

第3章　教科・領域の指導

　このことを鷲野氏の手記によって見てみましょう。

　鷲野氏は「柔道の話をしてゐる時は盲目の事など忘れてしまって投げたり投げられたりといふ話をしてゐるなど愉快です。これでどんなに朗かになったか知れません」また、「柔道をはじめてから我々の世界はとても明るくなったといふことは断言できます」と、柔道を通し、その話をすることによって、精神的に開放されていったことを語っています。このことは、柔道に限らず何か好きなものに熱中することにより、障害を克服していく可能性があることを示唆しています。

　更に「盲人にとって、『汗ハ明朗ノ泉ナリ』」と、身体的リラクゼーションが、精神的リラクゼーションにも繋がることを語っています。そして、自発的な激しい練習と「統一ある指導方法と慈しみのある監視の下に」はじめて体得されるものとして健常者との対等な練習を「柔道の稽古に当たっては、常人と同様『遠慮無用』である事を識る。この一事は徹底した攻撃精神を養成すると共に、笑を忘れた盲人に、朗笑の光明を与へる素地を作るのである。又技術的には…その強さを増して自信を得しめるものであって、堂々として常人に挑戦し得る『神経』を作り上げるに違ひない」と意義深く述べています。

⑶　社会的価値

　ブックレットVol.24では、社会的価値について次のように述べています。

　　以上の過程を経て、積極的に行動できるようになった視覚障害者は、どこへでも出掛けて行って、自由に晴眼者と練習をすることができます。この場合、特別なルールも特別な援助も要らないのです。ここでは視覚障害児が置かれている問題点を「学校の寄宿舎に入っていたり、暇な時間を晴眼者とは違った方法で過ごしたりして、しばしば、晴眼児から分離されているという事実です」と述べています。しかし、これが柔道を通して解消できるのです。

　　このように柔道は、単に身体を鍛え、調整力をつけていくだけに留まらず、心の持ち方、環境への対応や対人関係をも変えていくのです。そして、私達はお互いの良いところを学び合い、理解し合うことが可能なのです。

　このことを鷲野氏の手記によって見てみましょう。

　中途失明の苦痛を克服するためには、運動をすることによって「著しい効果を体験した」鷲野氏は、「それを一般の失明者に直ちに以て実践せしめるといふ事は、晴眼者と異なって大きなハンディキャップがつく事は免れない。失明者の運動の種類には自ら制限が生ずるのは明瞭である。はっきり言へば普通の人のやる運動を、普通の人と同じ様にやらうといふのがそもそもの間違ひであらう。が併し、そこに或る程度の便宜さへ与へて貰へば普通の人と大体同じに出来るものもあるのである。柔道などはこの例であって、私にとっては最適の方法だと言ひたい」と、少しの配慮で、健常者と共に練習出来ることのメリッ

⑦体育：視覚障害者柔道事始め（その１）

トを述べています。

　また、既に明治30年代には、全盲で柔道をしていた人がいたようで、寄宿の先輩から聞いた話として、先輩の「父は学生の頃、講道館で柔道を稽古したさうだが、その頃、廣瀬中佐も熱心に稽古してゐたさうである。そして大勢に混って一人の盲人もゐたさうだ。寝技が中々強くて一度捉まったら百年目決て離さないのださうだ」と述べています。廣瀬中佐は、日露戦争の時の旅順港封鎖で有名な人で、ある時ロシアにおいて、大男に格闘を挑まれ、見事背負い投げで投げ飛ばしたというエピソードを持っている講道館初期の門下生です。このように、柔道が創始された極めて初期の段階から、既に視覚障害者が、健常者と共に練習をしていたことは、驚くべきことです。ユニバーサルデザインとは、健常者でも障害者でも、誰にでも適した状態のことであろうと思われますが、まさしく柔道は『ユニバーサル』なスポーツであり、さらに、『精力善用』『自他共栄』の基本的精神が生かされていたものと言えましょう。

　鷲野氏が帰省の折に、進んで町道場へ通ったことは、先に述べたとおりです。そして彼は柔道をとおして得たものを「明るく、強く、正しく生きてゆきたい、いつも現実に即して素直に生き明日への希望を抱いて明るく生きたいのである。もしここで言ふ事を許されるならば、この心構へこそ、我々失明者の最善の道、もっと語気を強めて言へば故嘉納先生の仰せられた精力善用の根本義に一致するものと解釈していいのではないか」と考え、社会的自立への拠り所としていくのです。

　こうして見てくると、身体的価値、精神的価値、社会的価値のいずれにおいても、現在の視覚障害者柔道で言われていることが、既にこの時点で明らかになっていたのだということが分かります。（次号に続きます。）

【参考文献】
田中勇（1943）盲人と柔道．講道館誌『柔道』1943年7月号，P12-17．
鷲野武（1944）盲人流汗．講道館誌『柔道』1944年2月号，P20-24．
鷲野武（1944）盲人流汗．講道館誌『柔道』1944年3月号，P21-25．
鷲野武（1944）盲人流汗．講道館誌『柔道』1944年4月号，P20-25．
鷲野武（1944）盲人流汗．講道館誌『柔道』1944年5月号，P14-19．
鷲野武（1944）盲人流汗．講道館誌『柔道』1944年8・9月号，P27-32．
鷲野武（1944）盲人流汗．講道館誌『柔道』1944年10月号，P24-30．
エガァーモント・G　中川一彦訳（1983）視覚障害者スポーツとしての柔道．国際盲人スポーツ第8号，P81-86．
伊藤友治（1993）視覚障害者と柔道．静岡県立浜松盲学校研究紀要「潮路」1993年，P84-87．
伊藤友治（2014）視覚障害者に適したスポーツとしての柔道．視覚障害教育ブックレットVol24，P66-70．

4 海外で活躍する先輩を訪ねてこんにちは！プログラム 第3回
―タイ研修で得た体験を将来につなぐ―

筑波大学附属視覚特別支援学校 高等部教諭 佐藤 北斗 皆川 あかり

第4章 各種紹介・報告

❶ 「海外で活躍する先輩を訪ねてこんにちは」プログラムについて

　本プログラムは、タイで「アークどこでも本読み隊」を運営され、現地で活躍されている筑波大学附属視覚特別支援学校卒業生の堀内佳美さんやタマサート大学障害学生支援センターのジンタナーさんとの交流、視覚障害当事者や支援者との交流を通して、異文化や視覚障害者のアクセシビリティを学ぶことを目的としたプログラムです。本年度は、首都バンコクを中心に活動しました。

❷ 主な活動内容と研修生の感想

日程：2017年12月19日(火)～23日(土)
研修生：4名　（高等部普通科1・2年　男子生徒1名、女子生徒3名）
引率：皆川あかり、佐藤北斗【責任者】
主な活動内容：

①モンティアン先生（全盲の国会議員の先生）との会食会
　日本の視覚障害教育や生活について話をしました。またタイの障害者が暮らしやすい生活環境を整えるために、法律・権利制度を見直していった実情と課題点について先生からお話を伺い、意見交換をすることができました。

②タイ盲人協会（ＴＡＢ）訪問、意見交換会
　タイ盲人協会の設立から現在までの歴史について、タイでの視覚障害者の教育や就労がどう変わってきたのか、詳しくお話を伺いました。また用具部も訪問し、タイでの生活・学習補助具を実際に見ることができました。

③バンコク盲学校訪問と生徒同士の交流
　音楽の授業見学やゴールボールの交流試合をしました。また、バンコク盲学校の生徒たちの前で、研修生は地元について、日本での日常生活や学校生活について、障害者スポーツについて、それぞれ発表しました。

モンティアン先生とたくさん語りました

タマサート大学生との交流を楽しむ

④ホームステイ体験

タイの文化を直に体験したいという研修生の強い想いから、視覚に障害のある小学生がいる家を中心に、研修生1人1家庭のホームステイ体験が実現し、家庭での生活や文化の違いを十分に体験できました。

⑤タマサート大学キャンパス体験及び学生との交流

障害学生支援センターに在籍する学生とペアになり、学生には研修生と一緒に宿泊もしてもらいました。日本語や日本文化に興味のある学生が多く、研修生は積極的に英語やジェスチャーなどを使って説明し、交流を深めていました。

⑥タイでやってみたいことの実現と堀内さん・ジンタナーさんとの交流

堀内さんやジンタナーさんの仕事について、堀内さんがタイで移動図書館を運営されるようになったきっかけなど、たくさんお話が伺えました。将来、国際舞台で障害者リーダーとして活動する意識を向上させることができました。

⑦研修生の感想

たくさんのタイ現地の人たちとの交流が楽しかったです。堀内さんには、現地で暮らしている人にしか聞けない仕事や生活についてのお話が聞けました。タマサート大学生との交流は、お互いに言葉が通じにくい中でも、どうにかして通じ合えたことが嬉しかったです。特にタイ語と日本語を教え合ったのが一番盛り上がりました。（高1Aさん）

タイの盲人協会でのお話を聞き、タイで視覚障害者の就いている職種が増えていることを学びました。視覚障害当事者や支援者の人々の、自分たちの夢を叶えようとする思いや、視覚障害者のことを理解してもらおうとする努力したことへの成果だと感じました。私も日本で、自分にできることを決めつけず、将来に向かってより努力を重ねていきたいと思いました。（高1Bさん）

タイの統合教育とその考え方が興味深かったです。小さい頃から健常者の中で生活することで、障害者は自分以外の生活や社会を知ること、健常者は、自分たちの生きる社会に、障害者がいることを認識し、それが当然であるという環境を作るための統合教育システムであることをモンティアン先生や盲人協会でお話を伺い、タイ人の統合教育への考え方を深く学べました。（高2Cさん）

私のホームステイ先は、バンコクから1時間ほど北へ車で移動した所で、この地域では、農業を営んでいる家がほとんどでした。朝になると畑を鳥が荒らさないように、空砲を放つといった伝統的な生活が残る地域の中で、人々が様々な生活の知恵を生かしている姿を見て、とても感動しました。（高2Dさん）

❸ おわりに

研修生は、ホームステイの体験等により、タイの異文化を直に感じることができたのと同時に、日本や日本文化について改めて見つめるきっかけになりました。また、研修を通してタイの視覚障害教育の現状、就労に関しての日本との違いを学び、教育や福祉に対しての新たな考え方や視野が持てました。

編集後記

編集委員 丹 治 達 義

新しい年、2018年を迎えました。冬休みを終え短い3学期ではありますが、新たな気持ちとともにブックレット36号をお届けいたします。

私事で恐縮ですが、これまで何度か原稿やコラムを本ブックレットに投稿してきました。本年度、初めて編集委員としてブックレットの製作に関わらせていただくようになり、多くの先生方の原稿を読ませて頂く機会も増えました。その中で、普段自分自身が直接は担当していない教科・領域・学部での指導において、深くまたそれぞれの分野での専門性が活かされた内容に引き込まれます。不勉強で細かなことではわからないこともありますが、それぞれの分野における新たな発見と同時に、自分が担当する教科や分野と通底するもの、またヒントになるものをいただいているように感じます。

本年も、このブックレットを豊富な内容でお届けしたいと考えております。日々の授業や実践のヒントにしていただき、視覚に障害のある子どもたちの学びを支えられれば、と思っております。どうぞよろしくお願いいたします。

◆投 稿 の お 願 い◆

　本ブックレットは、「現場教育で培った実践をディスカッションする場として、あるいは実践を通して深められた専門性を多くの関係者の共有財産とする場として機能」（香川邦生　健康科学大学教授　創刊号発刊によせて）させることを目的として発刊いたしました。したがいまして、掲載された情報をもとにした実践をはじめとして、視覚障害教育に関する皆様の日頃の教育活動をご紹介いただく原稿を、ぜひ編集委員会までお寄せください。

　本ブックレットの内容がより充実し、視覚障害教育の専門性の維持発展につなげるためにも、皆様のご参加をお待ちしております。

（視覚障害教育ブックレット編集委員会）

〔題　材〕
◇授業実践の提案　　◇授業研究　　◇研究レポート　　◇自作教材開発
〔原稿分量〕
◇本文 2 ページ（35字×68行＝2,380字）から 4 ページ（35字×136行＝4,760字）
◇掲載原稿については図書カード（3,000円）を贈呈します。
◇点字使用の読者に、掲載された原稿を点字データとして提供することがあります。各執筆者に対して特別の許可等を得ることはいたしませんので、その旨ご理解いただき、ご了承ください。

● 研究会、研修会情報をお知らせ下さい ───
◇研究会、研修会案内（研究会・研修会テーマ、開催年月日、開催時間、開催場所、申し込み受付締切日、担当者名、電話番号、有料・無料）をメールかファックスでお送り下さい。

原稿、研究会・研修会　送付先

ジアース教育新社「視覚障害教育ブックレット」編集係
　　住　　　　　所：〒101-0054　東京都千代田区神田錦町 1 －23
　　　　　　　　　　　　　　　　　　　　宗保第 2 ビル
　　電　　　　　話：03－5282－7183
　　ファックス：03－5282－7892
　　メ　ー　ル：info @ kyoikushinsha. co. jp
　　Ｕ　Ｒ　Ｌ：http://www.kyoikushinsha.co.jp/

視覚障害教育ブックレット編集委員会 ───

編集委員会会長　柿　澤　敏　文

編　集　委　員　清　和　嘉　子

　　　　　　　　三　浦　佳菜江

　　　　　　　　宮　﨑　善　郎

　　　　　　　　丹　治　達　義

　　　　　　　　内　田　智　也

　　　　　　　　岸　本　有　紀

　　　　　　　　熊　澤　彩　子

┌─────◆『視覚障害教育ブックレット点字版』のご案内◆─────┐

『視覚障害教育ブックレット』Vol.25（2014年度１学期号）～Vol.35（2017年度2学期号）の点字データ（BSEファイル）を、１号当たり952円（税別）で提供いたします（本誌購読者は無償）。ご希望の方は、ジアース教育新社（TEL：03-5282-7183　E-mail：info@kyoikushinsha.co.jp）までご連絡ください。

└──────────────────────────────────────┘

視覚障害教育ブックレット3学期号 Vol.36

平成30年２月16日発行
年３回（学期ごと）発行　本体 952円＋税（送料別）

編　集　筑波大学附属視覚特別支援学校
　　　　視覚障害教育ブックレット編集委員会
　　　　会　長　柿　澤　敏　文

発　行　ジアース教育新社
　　　　発行者　加　藤　勝　博
　　　　〒101－0054
　　　　東京都千代田区神田錦町１－23 宗保第２ビル
　　　　Ｔel.03－5282－7183
　　　　Fax.03－5282－7892
　　　　E-mail:info@kyoikushinsha.co.jp
　　　　ＵＲL:http://www.kyoikushinsha.co.jp/

郵便振替口座番号：00160－4－91800

ISBN978-4-86371-424-3 C3037　　　　　　Printed in Japan

企画・編集・デザイン・写真
印刷・製本

広い視野で果敢に挑戦

■商業印刷物 ■ カタログ／ポスター／パンフレット／包装紙 など
■出版印刷物 ■ 会報／単行本／社史／論文集／各種テキスト など

株式会社 **創 新 社**

東京都千代田区岩本町1−13−5
TEL 03-5825-7570 (代)　FAX 03-5825-7579
E-mail info@soshinsha.main.jp
URL 社労広報−創新社.jp

 全国高等学校長協会
入試点訳事業部

～～ 平成2年（1990年）より、大学の入学試験問題等を依頼により点訳することを主たる任務とし、視覚障害者の大学進学をめぐる諸問題の解決に寄与することを目的として活動しています ～～

★高等学校長協会を母体とした、
　公的なものとして認められた組織です。

★大学入試点訳を遂行する専門機関として、
　・正確な点訳
　・秘密の保持
　・盲学校教育を踏まえた適切な点訳
　・各大学の希望に応じた点訳
　を担保しています。

★活動内容（各組織の依頼による点訳墨訳）
　・大学の入学試験
　・大学内の試験
　・高等学校の入学試験
　・都道府県等が実施する学力テスト
　・各種検定試験
　・各種資格試験
　・大学入試模擬試験
　・教員採用試験、企業の採用試験　　　等

本誌、視覚障害教育ブックレットも、25号より当事業部で点訳を行っています。点字版のご注文は、発行元「ジアース教育新社」までお問い合わせください。

全国高等学校長協会入試点訳事業部

〒112-0015　東京都文京区目白台3-27-6
筑波大学附属視覚特別支援学校内 401室
ＴＥＬ　03-3945-6824
Email　ntj@braille-exam.org
ＵＲＬ　http://www.braille-exam.org/